Jean Hautepierre

Los Angeles

tragédie

LES ÉDITIONS DE L'ŒIL DU SPHINX

36-42 rue de la Villette

75019 PARIS, France

www.œildusphinx.com

ods@œildusphinx.com

Jean Hautepierre

LOS ANGELES

tragédie

Les Inclassables n°3

© 2022 LES ÉDITIONS DE L'ŒIL DU SPHINX

Collection : Les inclassables n°3
ISBN : 978-2-38014-053-8
EAN : 9782380140538
ISSN de la collection : en cours
Dépôt Légal : septembre 2022
Couverture : *Le Pandemonium*, John Martin, Musée du Louvre.

La mise en page est d'André Savéant

NOTICE SUR L'AUTEUR

Jean Hautepierre est auteur tragique. Parallèlement à la poursuite de son œuvre poétique, il a traduit des poèmes d'Edgar Allan Poe et de Clark Ashton Smith et publié, de 1995 à 2007, *La Lettre de Jean Hautepierre*, anthologie trimestrielle de poèmes contemporains.

DU MÊME AUTEUR

THÉÂTRE ET AUTRES ŒUVRES POÉTIQUES

Prélude au Siège, Le Méridien éditeur, Paris, 1989.

Néron (tragédie en vers), Publibook, Paris, 2004.

Le Siège (épopée), Publibook, Paris, 2007.

Tristan et Yseult (tragédie en vers), Pardès, Grez-sur-Loing, 2013.

Le Roi en Jaune (diptyque de tragédies en vers comprenant *Le Prince de Carcosa* et *Le Roi en Jaune*), L'Œil du Sphinx, Paris, 2015.

Louis XIII (tragédie en vers), Pardès, Grez-sur-Loing, 2019.

Le Testament de la licorne, précédé des *Idoles*, Unicité, Saint-Chéron, 2020.

Jean Sobieski (tragédie en vers), Pardès, Grez-sur-Loing, 2020.

BIOGRAPHIE

Qui suis-je ? Edgar Poe, Pardès, Grez-sur-Loing, 2012.

ROMAN

Le Meurtre de la Tour de Cristal (roman du cycle du *Siège*), Unicité, Saint-Chéron, 2015.

TRADUCTIONS

Poèmes d'Edgar Allan Poe (traduction intégrale), Publibook, Paris, 2008.

Celui qui marchait parmi les étoiles (choix de poèmes de Clark Ashton Smith, ouvrage bilingue), L'Œil du Sphinx, Paris, 2012.

Urban Sax, Les musiciens de l'infini (ouvrage bilingue, trad. anglaise du texte en français de Marc-Louis Questin), Unicité, Saint-Chéron, 2016.

Un cube chromé à l'intérieur d'une coquille d'œuf cassée (trad. du texte en anglais d'Erich von Neff), Les Solicendristes, Sarrians, 2016.

Le Cabaret de la souris rugissante (trad. du texte en anglais d'Erich von Neff), Atelier de l'agneau, Saint-Quentin-de-Caplong, 2019.

Can't Get No (Satisfaction) (roman graphique de Rick Veitch), Delirium, Nogent-sur-Marne, 2021.

AVANT-PROPOS

La tragédie de Stello

Le Dictionnaire de l'Académie française définit fort classiquement la tragédie comme une *pièce de théâtre qui offre une action importante et des personnages illustres, qui est propre à exciter la terreur ou la pitié, et qui se termine ordinairement par un événement funeste.*

Los Angeles est donc à première vue une étrange tragédie dont le personnage principal n'est ni un roi, ni un empereur, ni même quelque haut dignitaire, mais un simple *gentleman* californien. Stello n'est pas non plus Don Juan, ni le Docteur Faust — ni d'ailleurs l'absolu contraire de l'un ou de l'autre. Mais il n'en est pas pour autant un humain ordinaire. Stello est, comme Orphée, comme Eurydice, le Grand Béni et le Grand Maudit, rejoints dans la fiction par Dante, celui qui est revenu des Enfers ; mais lui va plus loin encore, puisqu'il vit sans cesse au milieu d'eux. Voilà qui peut à soi seul, me semble-t-il, conférer à Stello une dignité suffisamment éminente pour faire de lui le personnage principal d'une pièce qualifiée de tragédie. Stello s'élève aussi à la hauteur du héros tragique par sa souffrance. Les chœurs des anges et des démons qui le suivent sans cesse et, bien au-delà, la certitude de l'Enfer éternel, forment autour de lui un gouffre perpétuel qui paralyserait d'épouvante un homme ordinaire — un gouffre comparable au gouffre pascalien, le gouffre des perpétuels souffrants.

Tragédie ou tragi-comédie ? Le fait que Stello ne soit qu'un simple particulier n'empêche donc pas, je crois, de ranger *Los Angeles* dans le premier genre. Seule la survenance sur scène de deux suicides, dont un par arme à feu, et d'une possession

démoniaque suivie d'un exorcisme, permettraient éventuellement
de rattacher cette pièce au second genre, de même que Corneille
l'a fait pour *Le Cid*. Mais il faut suivre au moins un peu les usages
de son temps, même si c'est de très loin, et parler ici de comédie,
fût-elle tragique, risquerait d'induire en erreur nombre de lecteurs
et de spectateurs. Convenons ainsi que *Los Angeles* est bien une
tragédie, d'autant plus que sa fin, pour heureuse qu'elle soit,
intervient après de fort terribles événements.

J'ajouterai encore que le Stello de *Los Angeles* est très
différent du personnage de Vigny. Au-delà de mon admiration pour
cet immense poète, romancier et penseur, au-delà de ma relative
proximité avec sa vision du monde, le nom stellaire du personnage
qu'il a fait vivre me paraissait le seul qui pût convenir au héros de
Los Angeles. Cela étant, *presque* arrivé à l'aboutissement du
Grand-Œuvre, *presque* éveillé, ayant *presque* atteint les sommets
de la supraconscience, il est ici manifestement supérieur au
Docteur Noir — situation bien différente de celle qui prévaut dans
Stello et *Daphné*. Le dépressif Stello des merveilleux récits de
Vigny s'est métamorphosé en un personnage tout aussi sombre
mais qui, cette fois, lutte non plus contre le *tædium vitæ* mais
contre les puissances de l'Enfer et du Ciel et, seul contre tous,
affirme le suprême pouvoir du courage et de la volonté.

Los Angeles 2019

S'agissant d'une tragédie, ce lieu et ce temps peuvent
surprendre. Des considérations diverses me les ont fait choisir, qu'il
s'agisse du rêve architectural que les décors de *Los Angeles* ont
vocation à susciter, du défi que représente l'existence d'une tragédie
en notre temps, du nom même de la Cité des démons et des anges
ou de sa position à l'Extrême-Occident du monde, face au soleil
couchant.

Le Los Angeles de cette pièce n'est pas celui que nous
connaissons. Il est la Cité des démons et des anges telle qu'elle
aurait existé si la civilisation américaine avait évolué

différemment, prolongeant l'entre-deux-guerres par un nouvel âge d'or artistique et littéraire — donc architectural et sculptural, comme les didascalies le suggèrent ici de façon assez explicite. On imaginera facilement cette splendide Cité du couchant comme la couronne occidentale d'une Amérique imaginaire dans laquelle la Révolution du Beau aurait triomphé, et qui aurait été susceptible d'attirer à elle des êtres tels que Stello et le Docteur Noir. L'univers de *Los Angeles* n'est pas exactement celui des *Mystères de l'Ouest* ou celui de la mouvance *steampunk*, mais il est proche d'eux par cet esprit. Le présent qui est le sien (il s'agit en fait d'un passé très récent car j'ai voulu que la crise du coronavirus soit épargnée à mes personnages qui, on en conviendra, rencontrent déjà suffisamment de difficultés — elle n'aurait du reste absolument rien apporté ici d'un point de vue tragique, et pollué l'unité d'action de la pièce) n'est pas non plus le présent que nous connaissons.

L'Enfer éternel

Supposons un instant, envisage l'abbé Alphonse-Louis Constant, dit Éliphas Lévi, *que l'un de nous a pu créer une* [sic] *éphémère et qu'il lui a dit sans qu'elle* [sic] *puisse l'entendre : Ma créature, adore-moi ! La pauvre bestiole a voltigé sans penser à rien, elle est morte à la fin de sa journée et un nécromancien dit à l'homme qu'en versant sur elle une goutte de son sang, il pourra ressusciter l'éphémère.*

L'homme se pique — j'en ferais autant à sa place — voilà l'éphémère ressuscitée. Que fera l'homme ? — Ce qu'il fera, je vais vous le dire, s'écrie un fanatique croyant. Comme l'éphémère dans sa première vie n'a pas eu l'esprit ou la bêtise de l'adorer, il allumera un brasier épouvantable et y jettera l'éphémère en regrettant seulement de ne pouvoir pas lui conserver miraculeusement la vie au milieu des flammes afin qu'elle brûle éternellement[1] *!*

---

[1] *Le Grand Arcane*, livre second, chapitre II.

Voilà qui amène Éliphas Lévi à affirmer que *si l'enfer en principe est éternel comme la liberté, il ne saurait être en fait qu'un tourment passager pour les âmes, puisque c'est une expiation, et que l'idée d'expiation suppose nécessairement celle de réparation et de destruction du mal*[2].

Je ne crois pas davantage que lui à la doctrine de l'Enfer éternel parce qu'elle est trop schématique, trop monstrueusement disproportionnée, trop absurde en définitive. Telle est ce que Julius Evola a appelé *la doctrine tragique du salut* ; je ne saurais y voir autre chose qu'un mythe propre à effrayer les hommes des Âges sombres où se fondirent la basse Antiquité et le haut Moyen-Âge, eux que la cruauté de leurs existences avait faits tellement endurants qu'il fallait bien une aussi insondable horreur pour les impressionner — fût-elle moins crédible que les Enfers du paganisme, qui constituent manifestement un symbole des tribulations de l'âme après la mort, dans la perspective d'une nouvelle naissance. Le Purgatoire et tout simplement la vie terrestre, surtout si elle est multipliée par la métempsycose, se rapprochent d'ailleurs beaucoup de ces Enfers, assez durables et assez redoutables assurément pour n'avoir pas besoin d'être éternels. Notre monde ne fait-il pas, à bien des égards, un Enfer acceptable ? Qu'il soit beaucoup plus facile d'imaginer l'Enfer que le Paradis apporte en tout cas un début de preuve de cette évidence que nous sommes, ici et maintenant, bien plus proches du premier que du second. Le Christ lui-même n'a-t-Il pas dit qu'il y a plusieurs demeures dans la maison de Son Père ? De tout ceci, des théologiens ont assurément beaucoup discuté ; je ne m'y attarderai pas davantage puisque je n'en suis pas un, que *Los Angeles* n'est pas un ouvrage théologique mais une pièce de théâtre en vers (qui, selon mes conceptions, vise avant toute chose à *mettre la poésie sur scène*), et qu'il ne s'agit pas d'une tragédie religieuse, mais d'une tragédie fantastique. Et toutes les considérations sur ce sujet auraient été de trop dans un poème scénique, si l'on se réfère à la vision de la poésie que formula Edgar Poe. Selon lui, la poésie doit rechercher avant tout la Beauté et non la Vérité (Poe assignant aux essais la recherche de cette dernière). Plus généralement encore, selon sa théorie de l'effet, une

---

[2] *Dogme et rituel de la haute magie*, tome II, chapitre XVI.

œuvre littéraire doit viser par toutes ses composantes à obtenir l'effet qu'elle veut produire ; pour que l'effet qu'une tragédie a vocation à susciter (à savoir l'horreur et la pitié) soit maximal, il me fallait donc faire appel, sans l'atténuer par quelque raisonnement ou considération que ce fût, à l'horreur de cette vision que tant de siècles ont mise en nous : celle de l'Enfer éternel, qui donne à *Los Angeles* beaucoup de son ressort tragique et, à Stello, beaucoup de sa grandeur. Ce n'est pas sans autres raisons encore que j'ai accordé à la croyance en l'Enfer éternel la place centrale qu'elle occupe dans *Los Angeles*. En effet, elle est partagée par un certain nombre de ceux qui liront ou verront cette tragédie, et voilà qui leur parlera donc très directement. Au-delà, se rattachant à la tradition chrétienne, elle a une grande force évocatrice puisqu'elle fait par cela même partie d'un pan extrêmement important de notre civilisation.

Le monde va finir du début de l'acte III fait écho à *Le monde va mourir* du *Roi en Jaune*, mais dans une perspective inversée : là-bas, c'est la destruction qui devrait être dans l'ordre ; ici, la conservation. À rebours va la subversion : Galadriel est ainsi une nouvelle incarnation du pouvoir injuste, bien davantage sans doute que son associé Bélial qui, en recherchant le Mal, ne fait qu'obéir au fond à sa nature démoniaque. *Corruptio optimi pessima.* J'évoque également ce Prince des Cieux pour confirmer aux plus curieux de mes lecteurs que Galadriel est un Archange imaginaire : compte tenu du rôle que je lui fais jouer, je n'aurais en aucune façon voulu manquer de respect et si gravement, jusqu'à le faire pactiser avec un démon, à un authentique Archange.

Deux choses encore sur le Destin

On trouvera aussi dans *Los Angeles* une référence implicite au *Docteur Faust* de Marlowe avec la question, essentielle dans l'une et l'autre pièce, du moment où la damnation du personnage principal deviendrait sans appel : est-ce quand Faust échange un baiser avec Hélène, comme on l'a souvent dit ? Dans *Los Angeles*, est-ce lors du premier suicide de Stello ?

Stello, enfin, nous dit quelque chose du Destin et de la faible mais réelle latitude qui existe pour l'Être face à lui, en contemplant la roue qui le symbolise et le matérialise :

Tout se tait. Tout se fige. Et les astres fatals
Cèdent le temps d'un souffle à l'élan triomphal,
Le suprême vouloir et la suprême cause
À la force desquels jamais ne reste close
La grand porte des Cieux.

Paris, le 17 novembre 2021 et le 17 janvier 2022,

Jean HAUTEPIERRE

PERSONNAGES

SATAN

GALADRIEL

STELLO

DOCTEUR NOIR

LE CHŒUR DES ANGES

LE CHŒUR DES DÉMONS

LA POSSÉDÉE

L'ORGANISATRICE DE LA SOIRÉE GOTHIQUE

LE PERDANT

LE CROUPIER

L'EMPLOYÉ

DES JOUEURS, DES INFIRMIERS, UN MÉDECIN

L'action se déroule en 2019, à Los Angeles.

LOS ANGELES

PROLOGUE

La salle de casino où se déroule l'acte Ier, avec les personnages du début de cet acte. Tous sont silencieux et figés.

LE CROUPIER

Los Angeles ! Cité des démons et des anges
Où le soleil mourant à l'ombre se mélange ;
Où vient le plus longtemps régner l'astre fatal
À l'extrême horizon du ciel occidental…

Los Angeles ! Aux mille tours au bord de l'onde
Que du fond de la nuit ne contemple aucun monde
Sinon, prêts à lancer leur foudre un jour mortel,
Ceux des rives sans fin de l'Enfer et du Ciel
Veillant toujours, au sein des voûtes ignorées,
Quand implacablement montent les Destinées.

Le croupier quitte le devant de la scène et s'installe à la table de jeu.

ACTE PREMIER

Call up the errant daemon, the pilgrim of strange lands,
And he will come, arising from shadow-tided strands,
With gifts of bale and beauty and wonder in his hands.

Invoque le démon errant, pèlerin des terres étranges,
Et il viendra, se lèvera de la grève aux vagues sombres,
Offrant de ses mains la calamité et la beauté et la merveille.
Clark Ashton Smith (*Pour chercher du nouveau*[3])

SCÈNE PREMIÈRE

STELLO, LE CHŒUR DES ANGES, LE CHŒUR DES DÉMONS, LE PERDANT,
LE CROUPIER, L'EMPLOYÉ, DES JOUEURS, DES INFIRMIERS, UN MÉDECIN

Une salle de casino à Los Angeles.
Les personnages présents au prologue s'animent.
Stello entre, vêtu de noir, avec un long manteau noir ou une longue
gabardine noire, toujours suivi du chœur des anges et du chœur
des démons, que les personnages autres que lui traversent sans les
voir ni les entendre.
Il se dirige vers la caisse pour y acheter des jetons.
L'un des joueurs présents à la table de jeu perd à chaque tirage.
Une jeune femme est assise au comptoir du bar.

STELLO, *à l'employé.*

Mille dollars.

L'EMPLOYÉ, *prenant la somme.*

Votre nom, s'il vous plaît ?

Stello, *lui montrant son passeport.*

Stello.

Le croupier

Mesdames et Messieurs, faites vos jeux !

Rien ne va plus !

La roue tourne.

Zéro !

Stello, *aux anges et aux démons qui le suivent.*

Anges ! Démons ! Vous dont les voix m'enténèbrent et m'illuminent,
À travers les temps et les lieux cohorte infernale et divine !
Tout un soir je ne verrai plus vos lueurs, vos ombres sans fin,
Pour ne jouer éperdument qu'au jeu éternel du Destin !

Stello commence à jouer à la roulette. Tantôt il s'assoit,
tantôt il quitte la table.

Le chœur des démons

Tu tourneras comme la bille, au gré du Destin qui t'échappe,
Avec pour unique horizon le coup ultime qui te frappe
Recommencé toujours plus fort et plus terrible à chaque fois :
C'est le Grand Malheur éternel que je t'annonce par ma voix,
Celui dont les portes de feu, embrasant la nuit tout entière,
Sur ton âme aux gouffres d'en bas à tout jamais se refermèrent
En un instant ! Instant maudit qui fut un jour fixé par toi.

Le croupier

Faites vos jeux !

Rien ne va plus !

La roue tourne.

Noir, treize, impair et manque !
Toute la mise est pour la banque !

Le croupier ramasse toutes les mises.

Mesdames et Messieurs,
Faites vos jeux !

LE CHŒUR DES DÉMONS

Et c'est ainsi qu'en vain pour toi tourne sans fin la roue du monde,
Te rapprochant du grand abîme au gré des heures vagabondes,
Inexorablement vers nous faisant pencher le grand fléau
Jusqu'à précipiter ton âme au coup ultime de la faux.

Tout ce qui meurt, tout ce qui vit n'est plus qu'illusion qui passe,
Ombres montant jour après jour devant ton ombre qui s'efface,
Lueurs vaines pour tes yeux vains qui ne voient plus à l'horizon
Que l'éclat mort du soleil noir comme la marque sur ton front.

LE CROUPIER

Faites vos jeux !

Rien ne va plus !

La roue tourne.

Quatorze, rouge, pair et manque !
Toute la mise est pour la banque !

Stello

La roue tourne ! au milieu du sang et de la nuit,
Et son douzième pas tue l'heure qui s'enfuit ;
Dans le ciel très obscur et très haut, les planètes
Lancent les froids flambeaux de leurs courses inquiètes,
Décrivant, au milieu du gouffre et des splendeurs,
Les échos du Destin et des grandes douleurs.

C'est ainsi que se joue des mortels sur la terre,
De l'aube aux feux du soir, la marche singulière
– Et que les derniers coups résonnent dans un cri,
Recommençant un jour après un soir d'oubli.
C'est la Roue du Destin qui clame d'heure en heure
La culmination d'un instant qui demeure,
Quand l'espace et le temps s'unissent, glorieux,
Et dans un grand fracas font resplendir leur feu.
Tout le ciel suspendu, dissous, passé au crible,
S'entrouvre en un éclair sur le champ du possible.
Tout se tait. Tout se fige. Et les astres fatals
Cèdent le temps d'un souffle à l'élan triomphal,
Le suprême vouloir et la suprême cause
À la force desquels jamais ne reste close
La grand porte des Cieux.

Le croupier

Mesdames et Messieurs,
Faites vos jeux !

Rien ne va plus !

La roue tourne.

Vingt-et-un, rouge, pair et passe !

Stello

Car les globes lancés à travers les espaces,
Les astres morts, brillant du fond de l'infini,
Froids annonciateurs de nos ombres qui passent,
Flambeaux triomphateurs du songe qui s'enfuit,
Tous ! et jusqu'au Destin qui fait trembler la terre,
Voient s'avancer la force et l'ardente lumière
Qui dans le ciel très haut, quand s'arrêtent leurs pas,
Font monter devant eux les âmes d'ici-bas.
Par-dessus le chaos qui toujours les entraîne
Elles parlent enfin de leur voix souveraine,
Du souffle impérieux dans la trompe d'airain
Qui peut rompre ou forger le glaive du Destin.

Car dans le tourbillon sans fin de la Fortune,
Dévorant tout sous les feux pâles de la lune,
Je vois non le hasard mais le fatal tourment
Régner sur l'univers par tout le firmament
– Mais s'effacer le temps d'un souffle, quand une âme
Exalte à travers tout son immortelle flamme,
Fléchissant le Destin aux millions de clartés
De sa terrible, fière et haute volonté.
À tous ceux qui s'en vont, brisés, d'âges en âges,
N'ayant que la douleur et la mort pour partage,
Le glas toujours fatal qui plombe l'horizon
Régnant sur les brouillards et les pâles saisons,
Envers et contre tout à tout jamais il reste
En eux l'écho divin des demeures célestes,
Et du plus profond d'eux cette étincelle d'or
Peut s'élever, jaillir et briser le Grand Sort.
Telle est la part, ultime et seule souveraine,
Laissée pour les guider en leur ombre lointaine
Aux vains mortels. Bien peu brandissent son flambeau
Avant d'avoir atteint les portes du tombeau ;
Mais en leur être, où tout avec le Grand Feu vibre,
S'abolit le cycle du temps. Eux seuls sont libres.
Tous les autres s'en vont dans le torrent sans fin

Qui roule éperdument les vies et les destins
Et fait naître et mourir en sa terrible ronde
L'effroyable chaos des mondes et des mondes.

LE CROUPIER

Mesdames et Messieurs,
Faites vos jeux !

Rien ne va plus !

La roue tourne.

Onze, noir, impair et manque !

Un joueur gagne et jette un jeton en pourboire au croupier.

Merci, Monsieur. Et tout le reste est pour la banque !

LE CHŒUR DES DÉMONS

N'oublie jamais, pâle Stello, pâle encor des plis du linceul,
Naufragé des mondes d'en bas dont tu revins toujours plus seul,
Portant au plus profond de toi l'horrible écho de la Géhenne,
Épouvantablement bercé des clameurs nées de mille peines !
N'oublie jamais le froid néant qui seul demeure autour de toi,
Le feu du glaive suspendu, lueur d'un éternel effroi,
L'appel mille fois répété montant vers toi du fond du gouffre
À retrouver la grande nuit où tout sans fin gémit et souffre !

Car l'ultime étincelle d'or qui brille à tous les horizons,
Qui fait triompher du Destin l'être en son exaltation,
Brille en toi du seul éclat vain d'un soleil brisé dans sa course,
Qui s'en revint éperdument au cœur calciné de sa source.
Et tu vas, désormais maudit, proscrit de la terre et des Cieux,
Avec pour derniers compagnons l'œil de Satan et l'œil de Dieu,
Scrutant le moindre de tes mots, scrutant le moindre de tes actes

Depuis cette heure où, dévasté, traversant le fleuve des morts,
Contre tes jours tournant un bras trop las d'affronter le Grand Sort,
Des froids tourments noirs de la vie tu as enfreint le sombre pacte.

STELLO

Je sais trop que pour moi le sort en est jeté,
Qu'à jamais loin de moi s'en fut cette clarté,
Que rien ne peut combler le fossé qui consomme
Ma séparation d'avec les autres hommes
– Moi seul dès à présent voué, tel que je suis,
Aux tourments éternels de l'éternelle nuit.
Je sais qu'il n'est plus rien pour moi qu'actions vaines,
Que les plus hauts exploits de toutes mes saisons
Ne pourraient plus m'ôter pour suprême horizon
Les flammes et les cris montant de la Géhenne.
Je sais que les plus beaux de nos jours les plus purs,
Qui semblent pour toujours faits du plus bel azur,
Sont un frêle bouquet de nos heures trop brèves
Que la vie éparpille au vent ; que tout s'achève
– Et que pour moi, banni à tout jamais des Cieux,
Il n'est plus que l'Enfer aux millions de feux.

Mais je veux oublier, ce soir, les sombres rives,
La malédiction des ombres qui me suivent,
Les coups du carillon douze fois invaincus
Sur un jour immortel, et qui ne sera plus.

LE CROUPIER

Faites vos jeux !

Rien ne va plus !

La roue tourne.

Dix-sept, noir, impair et manque !

Stello gagne et jette un jeton en pourboire au croupier.

Merci, Monsieur. Et tout le reste est pour la banque !

STELLO

La roue tourne ! emportant les temps, les univers
Dans le fracas vainqueur de son cercle de fer,
En sa course implacable au milieu de son culte
Mêlant un grand silence avec un grand tumulte,
Le règne de la nuit, les lueurs des flambeaux
Et tout un ordre immense à travers le chaos !
La roue tourne ! éperdue de bruit et de vitesse,
Reflet de l'acte pur et du pur mouvement
Et contemplation, et culminante ivresse
Où l'âme épouvantée vient se perdre un instant.
Oui ! je verrai par elle encor vivre mon rêve
Jusqu'à l'aube où tout meurt dans le jour qui se lève,
Le souvenir d'un temps à nul autre pareil,
Quand tout n'était pour moi, dans l'éternelle danse
Des astres, des saisons et des jours qui s'avancent,
Que la jeune espérance aux feux du grand soleil[4].

Au chœur des démons.

Mensonges, dites-vous ? Vagues nuées qui fondent
Un voile évanescent aux froids soupirs de l'onde ?
Vaine apparition des ombres du désir
Dansant et tournoyant pour mieux s'évanouir ?

Montrant les fumées de cigare et les verres d'alcool.

Oui, mensonges que tout cela ! que ces volutes de fumée
S'évanouissant au lointain où s'en vont les heures aimées,
Ces images d'un soir fugace en allées au-delà des temps,
Quand l'oubli donne au souvenir le froid tombeau de ses flots lents…

---

[4] Vers inspiré du dernier vers de *Dreams*, poème d'Edgar Allan Poe.

Sublimes apparitions, ivres lueurs, fièvres divines
Où se résume en un instant le soir qu'un éclair illumine,
Ô splendeur des nuits consumées, évaporées dans le néant,
Vouées aux gouffres éternels — ou bien peut-être au firmament !

Retournant devant la table de jeu.

Qu'importe, jeu divin ! Qu'importe que ton terme
Soit à jamais pour nous fixé d'une main ferme
Ou bien qu'il soit, au dieu fantasque du Hasard,
Donné de régner seul sur ton si cher brouillard !
Qu'importe si tu vis ! Qu'importe si tu sombres !
Qu'importe si pour toi résonne le vain nombre
Des douze coups du glas, ou que dans ton essor
Tu voies un jour nouveau se consumer encor !
Qu'importe, si de toi plus rien jamais ne reste
Qu'un souffle, une nuée que le vent seul atteste,
Si par-delà les cieux, les rives et les ans,
Ta suprême clarté nous emporte un instant !

Se tenant un instant près de la femme assise au comptoir du bar,
et s'adressant à elle.

Qu'importe si tu mens et si tu n'es qu'un songe
Qui s'évanouira dans le jour qui s'allonge,
Une étincelle, ardente étoile dans les cieux
Dont l'or évanescent fit un soir glorieux,
Car l'éblouissement de ta vive lumière
Me suivra jusqu'au seuil de nos heures dernières ;
Et si tout doit finir dans les flots du Léthé,
Tout ce qui fut et qui n'est plus, aura été.

Après un temps, Stello retourne à la table de jeu et joue une
forte mise.
Le joueur qui a perdu à chaque tirage fait de même, jouant tous
les jetons qui lui restent.

Le croupier

Faites vos jeux !

Rien ne va plus !

La roue tourne.

Seize, rouge, pair et manque !

À Stello.

À vous, Monsieur. Et tout le reste est pour la banque !

Le perdant

Mesdames et Messieurs, je vous salue !

Le sort
Me conduit loin de vous, au-devant de la mort.

Le joueur perdant sort un revolver de sa poche et se suicide d'une balle dans la bouche.
Aussitôt le chœur des démons se précipite sur lui avec des cris sauvages et emporte son âme, sous la forme d'un feu ardent. À l'exception de Stello, les personnes présentes ne voient pas les démons ni ne les entendent. Pendant qu'une partie du chœur des démons emporte cette âme désormais damnée, l'autre partie danse et bondit autour de ce sinistre cortège.
Un médecin entre avec des infirmiers. Il examine le cadavre et les infirmiers le déposent sur une civière.

Le chœur des démons

Première partie, *emportant l'âme damnée.*

Taïaut ! Taïaut ! Et qu'on l'emporte

Au grand brasier des âmes mortes,
Dans la terreur et dans les cris
Au fond de l'éternelle nuit !

SECONDE PARTIE, *dansant et bondissant*.

Taïaut ! Taïaut ! Jetons cette âme
Au milieu de nos murs de flamme !
De son indicible douleur
Accroissons les terribles chœurs
Du désespoir et de l'horreur !

PREMIÈRE PARTIE

Taïaut ! Taïaut ! Que la tourmente
Toujours l'écartèle et le hante !
Qu'il trouve au soleil abyssal
La plus pure image du Mal !

SECONDE PARTIE

Que jamais pour lui ne s'achèvent,
D'un cœur percé de mille glaives
Chauffés dans le gouffre infernal,
La torture et le sort fatal !

PREMIÈRE PARTIE

Qu'à l'infini toujours il tombe
Dans le chaos de l'outre-tombe !

SECONDE PARTIE

Au milieu des crocs dévorants
D'un incendie toujours plus grand !

PREMIÈRE PARTIE

Que jamais pour lui ne s'apaise
Le tourbillon de la fournaise !

SECONDE PARTIE

Nuit, nuit brûlée de mille feux
Montant de l'Enfer glorieux !

ENSEMBLE

Car il entre dans le Grand Règne
Où le sang brûle, où le feu saigne,
Où retentissent les clameurs
Du Grand Mal et du Grand Malheur !

Là où Satan exulte et siège
Entouré des sombres cortèges,
Roi mauvais du monde maudit,
Celui du feu et de la nuit !

Ils quittent la scène avec l'âme du suicidé pendant que le médecin et les infirmiers emportent le cadavre, et que le croupier et les joueurs sortent eux aussi.

SCÈNE 2

Stello, le chœur des anges, l'employé

Le chœur des anges

Ainsi finit l'auteur d'une fin qui l'accable.
Mais quand tu vois, hélas ! les démons l'emporter
Où nul ne va plus loin de la sainte clarté,
Ne crois pas qu'avec eux parte le seul coupable !
Ne crois pas qu'un soupir sous le regard de Dieu
Soit le seul châtiment qu'en attendent les Cieux :
Ce malheureux, Stello, fut aussi ta victime ;
Tu portes avec lui tout le poids de son crime ;
Tu l'as accompagné ; coup après coup tu vis
La ruine s'élever et s'abattre sur lui.
Qu'as-tu fait pour briser l'étreinte de son rêve ?
Pour détourner de lui la pointe de son glaive ?
Tu voyais s'éloigner sa vie, tour après tour ;
Il sombrait, il sombrait et tu jouais toujours
Et, suprême forfait de ta main criminelle,

Sinistre exécuteur du Grand Mal qui l'appelle,
Ton triomphe accompli par les armes du sort
Fut son ultime agent d'infortune et de mort,
Le dernier coup du glas qui frappe et qui décide
Au fond d'un sombre cœur l'instant du suicide,
Et le premier du gouffre au-delà du tombeau
Dans une éternité dévorée de flambeaux.
Voici ton œuvre, au temps maudit où tout s'achève,
L'arbre aux fruits vénéneux échappé de ta sève !

Stello

Je ne puis qu'en frémir jusqu'au fond de mon cœur,
Enivré par tes mots d'un tel surcroît d'honneur !

Car mon pouvoir est tel qu'au moindre de mes signes
On voit s'irradier les maux les plus insignes :
Un seul de mes transports, un seul de mes regards
Sèment l'affliction sur le monde hagard.
Bien mieux ! Il n'est de moi requis plus un seul geste :
Mon silence à lui seul engendre un jour funeste
Et, qui sait ? l'univers attend-il pour périr
Du tout-puissant Stello le songe d'un soupir.

Allons ! Dispense-toi de si vaines alarmes !
Garde pour m'émouvoir de plus étranges charmes !
Va, pour les consteller des maux les plus amers,
Les arracher toi-même aux forges de l'Enfer !
Quant à l'infortuné que la poudre et la balle
Ont jeté dans l'horreur des rives infernales,
Cherche autant que tu veux sa faute ailleurs qu'en lui
Comme un dormeur étreint une ombre dans la nuit !
Accuses-en Stello, le jeu, toute la table,
Complices curieux d'un acte épouvantable !
Oublie sa volonté ! Compte même pour rien
Les sombres visions qui guidèrent sa main !
Bien mieux ! Imputes-en tout l'effroi si tu l'oses
Au Moteur immobile, à la Première Cause,
Et reproches au fer du morne son du glas
D'avoir toujours suivi le moindre de ses pas !

Quant à moi, je ne sais quels mots nés de la terre
Pourraient dire à quel point tes plaintes m'indiffèrent.
Je ris de ta colère et vois sans un frisson
Tonner jusqu'au lointain tes malédictions.
Aussi, n'es-tu point las sans fin de me répondre ?
Par quel nouveau malheur penses-tu me confondre ?
Par quel sort plus ingrat que mon sort odieux
Ajouter quelque horreur à la marque des Cieux ?
Que peut-il, au-delà d'une nuit si complète,
Monter à l'horizon de plus noir sur ma tête ?...
Puisque je sais mon dû et quel sort ennemi
Depuis ce jour fatal par le Ciel m'est promis ;

Qu'il faudra suivre un jour la voie, vaille que vaille,
Qui conduit les damnés aux ardentes murailles ;
Que Cassandre est perdue dans les gouffres d'en bas…
Et j'ai pour seul destin de marcher sur ses pas !
Vous le savez, témoins vagues de ma souffrance,
Pâles contemplateurs de ma désespérance
Qui vous mêlez, plaintifs, à l'ombre des démons
Pour mieux m'environner d'un cortège sans nom !
En ce jour, que ces mots que Stello vous assigne
Vous soient à tout jamais les derniers de ses signes,
Car vous êtes trop vains, trop faibles ! et depuis
Cet insondable exil de l'abîme où je suis,
Je ne veux plus parler de mon destin étrange
Qu'aux seuls plus glorieux de vos très hauts archanges.

SCÈNE 3

Stello, le chœur des anges, le chœur des démons,
l'organisatrice de la soirée gothique, la possédée,
les gothiques, l'employé

Le chœur des démons regagne la scène.
Il précède de peu l'organisatrice de la soirée gothique, qui porte
le costume de la Mort et arrive de l'autre côté de la scène.
Pendant que l'organisatrice annonce le début de la soirée, les
gothiques arrivent progressivement.

L'organisatrice de la soirée gothique

Par cette âme et ce corps que nous avons croisés,
C'est la Mort qui nous suit de son œil embrasé,
Jetant partout le feu de sa torche sinistre
Qui fait danser autour de lui les ombres bistres.

Nous demeurons toujours sur le seuil du chaos,
Au milieu de la nuit nous dressant solitaires
Quand règnent la Grande Ombre et le deuil de la terre :
La douleur et la mort sont la marque des Goths.

Dansons ! et s'il le faut lançons jusques aux nues
Le froid hululement des âmes disparues
Pour que, retentissant, le malheur d'ici-bas
Clame jusqu'en la fête obscure le grand glas !

Soyons le pur écho des cloches inconnues
Qui battent le flot noir de nos heures perdues
Et, tels les très hauts desservants d'un culte sombre et glorieux,
Nous ferons retentir la danse et la musique au fond des cieux !
Dansons, dansons éperdument ! et que la fête continue !

La soirée gothique commence. Les gothiques envahissent la piste pendant que commence à résonner A means to an end *de Joy Division. La plupart d'entre eux sont vêtus de longs manteaux noirs, de longues robes noires, de longues gabardines noires ; certains ont des coupes de cheveux à la Robert Smith, quelques-uns portent des crêtes ; d'autres portent des armures et suivent lourdement le rythme, de leurs pieds lourds lestés de fer. Ils dansent, et Stello danse au milieu d'eux. Quand la musique est en train de s'achever, une danseuse, soudain possédée par les forces démoniaques, s'effondre, se met à crier d'une voix infrahumaine et se tord en convulsions. Pendant ce temps, des manifestations surnaturelles (le sol tremble, les murs vacillent, les portes et les fenêtres s'ouvrent, se claquent et se réouvrent, un vent terrible s'engouffre dans la salle) provoquent la panique dans l'assistance.*

LA POSSÉDÉE

Astaroth ! Belphégor ! Mammon ! Moloch ! Malphas !
Asmodée ! Abaddon ! Lilith ! Bélial ! Stolas !
Écoutez-moi, démons, seigneurs des terres d'Ombre !
J'invoque la splendeur de vos hordes sans nombre
Et le mal que vous engendrez, qui parmi vous dans son berceau
Prend son essor, s'envole et règne en un brasier toujours nouveau !

Quant à vous, mornes fils des entrailles humaines
Abandonnés au sort des rives incertaines,
Jouets du froid Destin depuis le premier deuil
Que fut le premier jour jusqu'au fond du cercueil,
Que la malédiction du Seigneur des Ténèbres
Soit sur vous ! que le flot de ses rires funèbres,
Montant vers le soleil des sombres légions,
Emporte sa lumière et jusques à son nom !
Venez à moi, tous les démons de l'outre-tombe !
Emplissez l'horizon que déjà le ciel plombe
Et faites resplendir partout le drapeau noir
De la terreur suprême au-dessus du grand soir !

Par tous les démons de l'Enfer et les hordes du désespoir,
Tout ce qui grouille obscurément dans le chaos des flots magiques,
Tout ce qui veille et qui demeure au cœur des brumes fantastiques,
Je pressens quelque chose ardente et terrifiante et magnifique !

STELLO

Par Celui qui règne sur tout à travers les temps et les lieux,
Roi de la suprême clarté, l'éternel souverain des Cieux,
Je t'adjure, antique Serpent, fléau de la sombre Géhenne,
Qui t'étends sur la grande nuit et sur l'abîme et sur la peine,
De quitter cette âme investie des noirs échos de ta fureur
En emportant dans les lointains l'immensité de la terreur !

*À la fin de cette formule d'exorcisme et des formules suivantes,
Stello se dresse, les bras en croix, devant la possédée.*

LA POSSÉDÉE

Toi pars au loin, pourceau infâme !
Si tu veux vivre, enfin va-t'en !
Nul ne peut plus rien quand une âme
Étouffe en mes crocs palpitants !

*D'un geste, elle projette Stello à plusieurs mètres. Il se
relève péniblement et revient face à elle, luttant contre le
vent qui l'empêche d'avancer.*

STELLO

Je t'ordonne, démon impur, avec tes hordes sacrilèges
D'abandonner à tout jamais ce corps que votre horreur assiège !
De retourner en ton Royaume au bord des fleuves des tourments,
Où sont les malheurs infinis, dans la nuit au-delà des temps !
Hors de cet être, usurpateur de l'âme à la splendeur divine,
Indigne de montrer ta face au ciel où le soleil culmine !

La possédée, *de plus en plus frénétique.*

Silence, au nom des feux d'en bas !
Tais-toi, chien galeux, chien immonde,
Rebut détestable du monde
Qu'a rejeté jusqu'au trépas !

Elle agite les bras dans la direction de Stello qui trébuche, se relève et revient face à elle.

Stello

Je t'exorcise, esprit mauvais, plus ténébreux que les ténèbres !
Retourne-t-en sur le rivage où le sang coule en flots funèbres,
Où le feu brûle éperdument, où le chaos et les clameurs
En un paroxysme éternel font retentir le Grand Malheur !
Et que ton souffle terrassé, rendu à sa hideur première,
Cède à l'esprit victorieux, le Très-Haut Fils de la lumière !

La possédée, *hurlant et haletant.*

Tu l'emportes, maudit Stello !
Mais pour ton ultime bataille
Je reviendrai vaille que vaille,
Après ta chair et tes entrailles,
Manger ton cœur dans le tombeau !

Le corps est secoué d'un dernier spasme. La gothique, libérée de l'esprit mauvais, revient à elle, ouvre les yeux et s'assoit lentement.

Le chœur des démons

Il peut sonner tant que tu veux de telles heures triomphantes !
Ici toujours nous demeurons comme les ombres de tes pas.
Et tu le sais, quoi qu'il advienne, un jour d'horreur et d'épouvante,
C'est en Enfer que pour Stello tout doit finir au son du glas !

LE CHŒUR DES ANGES

Loin de nous, l'éternel banni ! Loin des trônes et des nuées !
Loin du limpide azur de gloire où monte le chant pur des Cieux !
Que dans les bords extérieurs toujours ton âme épouvantée
Reste en exil, hors du séjour des chœurs sacrés des bienheureux !

ACTE II

> (…) *Latet arbore opaca*
> *aureus et foliis et lento uimine ramus,*
> *Iunoni infernae dictus sacer ; hunc tegit omnis*
> *lucus et obscuris claudunt conuallibus umbrae.*
> *Sed non ante datur telluris operta subire*
> *auricomos quam quis decerpserit arbore fetus.*
> *Hoc sibi pulchra suom ferri Proserpina munus*
> *instituit. (…)*

> (…) *Un arbre touffu cache,*
> *Voué à Proserpine, un rameau dont la tige*
> *Et les feuilles sont d'or. Tout le bois le protège,*
> *Et des vallons obscurs les ombres l'enveloppent.*
> *Nul ne peut accéder aux souterrains mystères*
> *Sans en avoir cueilli la pousse aux cheveux d'or,*
> *Présent à sa beauté qu'exige la déesse.*
>
> Virgile, *L'Enéide* (VI, 136-143)

> *Celui qui prend l'extinction comme extinction, qui*
> *pense l'extinction, qui pense à l'extinction, qui pense*
> *« l'extinction est mienne » et se réjouit de l'extinction,*
> *celui-là, je le dis, ne connaît pas l'extinction.*
> *Majjhima-Nikâyo* (I, 1), cité par Julius Evola dans
> *Le Chemin du Cinabre* (I)

SCÈNE PREMIÈRE

Stello, Docteur Noir, le chœur des anges, le chœur des démons

Un orage sur Los Angeles, contemplé depuis l'appartement de Stello. Une forêt de gratte-ciel parfois ornés de statues géantes s'étend à travers la baie vitrée, composant un paysage gothique et archéofuturiste tel que ceux des Batman *de Tim Burton et Joel Schumacher, et du vidéo-clip de* A night like this *des Cure.*

STELLO

C'est ainsi, Docteur Noir, que l'ombre des batailles
S'allonge du lointain déjà sur nos murailles,
Que les nuées grondant du fracas des éclairs
Surplombent nos bastions et nos cimiers de fer.

C'est ainsi que Stello douloureusement songe
En scrutant l'horizon et ses feux dans le soir,
Ses mille tours perçant tout le ciel bientôt noir,
Au malheur qui sur toi comme un brouillard s'allonge…

Los Angeles ! Cité d'acier et de lueurs sur le couchant,
Parcourue de mille clameurs dont résonnent les mille chants,
De bolides qui, vrombissant, lancent leurs courses frénétiques,
De trains crevant l'aube et le roc de leurs lumières fantastiques,
D'avions dont le sillage ardent de ses lignes scinde l'azur,
Jetant plus loin, toujours plus loin, ses traits vers le soleil futur !

Haute cité des fières tours cachant sous l'ombre de leurs cimes
Et la fortune et la misère et l'amour et le sang des crimes !
Buildings dressés dans un élan au seuil de tous les univers
Pour conquérir, toujours plus loin, les astres morts et les éthers !
Los Angeles ! Écho lointain des astres quand le soir s'allume,
Immense étoile du couchant dont lentement montent les brumes !

Plus loin, par-delà l'horizon, je vois tous les États-Unis
De New-York à San Francisco, de Dunwich à Gotham City,
Vaisseau voguant sans rompre encor au milieu des sourdes menaces
Vers ceux des rêves les plus noirs qu'ont faits, au-delà des espaces,
Robert Chambers, Clark Ashton Smith, Robert Howard, Erich von Neff
Et Lovecraft à leurs côtés, commandant de la sombre nef !

Plus loin, toujours plus loin, l'Europe ! avec ses mille autres rivages,
La terre du soleil tragique ivre du sang des grands carnages,
Endormie dans un soir sans fin, rêvant une dernière fois
De faire au-dessus du chaos retentir le son de sa voix,
Et bientôt vacillant aussi sous le fracas et le tonnerre
De l'occident à l'orient qui gagne enfin toute la terre !

Docteur Noir

Oui, le ciel semble attendre ici que nous soyons
Pensifs, à contempler sa haute vision,

Pour, telles des vaisseaux que le fracas désancre,
Qu'il jette ses nuées en masses dans le soir
– Et lacéré, tremblant, comme tout chargé d'encre,
Qu'il n'ait plus qu'à porter le deuil de leurs flots noirs.

STELLO

Nous partageons, Docteur, toute notre infortune
Avec ceux qu'illumine et que berce la lune
Et ceux sur qui déjà, déchirant le sommeil,
Avec le cri du coq monte le grand soleil
– Car c'est d'un autre orage, hélas ! que je contemple
La dévastation et le fatal exemple
Inouï, terrifiant, et qui n'a pas encor
Submergé l'univers du grand deuil de son sort ;
Un orage que nul vivant ne peut entendre,
Dont nul ne peut voir même un songe dans la nuit
Et qui, s'il doit monter des rivages de cendre,
Sera l'ultime effroi de nos âges maudits.

Nul ne voit ici-bas les démons et les anges,
Dont pourtant près de nous marche la foule étrange,
Veiller et dévorer les aveugles mortels
Aux ordres de l'Enfer comme aux ordres du Ciel.
De toute éternité, d'invisibles nuages
Épargnent à nos yeux l'effroi de leurs images
Pour qu'à sa dernière heure, aux portes du tombeau,
Chaque homme en paix s'en aille après ses derniers mots ;
Pour que, déjà rongés du Grand Mal qui les hante,
Il soit fait aux vivants grâce de l'épouvante
Que jetterait sans fin le monde en sa noirceur
Par tant de visions de suprême terreur.

Cependant, je les vois… et leurs longues cohortes
Font, toujours sur mes pas où mon malheur les porte,
Retentir les tourments et rejaillir les feux
Des gouffres infernaux qui s'ouvrent à mes yeux.

Il n'est plus désormais que Stello sur la terre
À voir autour de lui l'horreur et le mystère
Jetés, depuis le monde où se meurt le trépas,
Par les anges d'en haut et les anges d'en bas !

LE CHŒUR DES ANGES ET LE CHŒUR DES DÉMONS

Il se plaint, triste infortuné, de notre armée qui l'environne
Comme un présage du Destin que l'Enfer et le Ciel ordonnent,
Faisant tonner autour de lui dans un souffle annonciateur,
Ombre de ses futurs tourments, l'écho des siècles en fureur !

Pourtant, nos clameurs ne sont rien auprès des flammes mugissantes
Roulant leurs cris et leurs fracas au seuil du trépas qu'elles hantent,
Fatal horizon où s'en vont les pas de l'éternel damné
Dont l'heure ultime et la sentence ont une fois déjà sonné.

LE CHŒUR DES ANGES

C'était quand les lueurs du soir à l'orient dans la nuit verte
Montent sur l'ombre lentement, crevant l'azur de leurs flambeaux ;
Le soleil rouge agonisant déchirait le ciel en lambeaux,
Et déjà tu semblais dormir au tréfonds d'une tombe ouverte.

Ton dernier bain mêlait à l'eau le fleuve pourpre de ton sang,
Avec par tes veines tranchées la vie jetée hors de ton flanc ;
Et la nuit qui montait sur toi chargeait tout le poids de la terre
Sur ton corps dont sortait bientôt l'âme maudite et solitaire,
Quand tu sombrais avec le temps dans le gouffre où tout doit finir
– Et l'on entendit au lointain l'écho de ton dernier soupir.

LE CHŒUR DES DÉMONS

Soudain la grand porte s'ouvrit, et parut au seuil du carnage,
Le désespoir et la terreur déjà gravés sur son visage…

Stello

Cassandre !

Le chœur des démons

Ô, la triste compagne à tes côtés sous le ciel lourd,
Qui près de toi connut l'effroi, l'horreur et le fracas des jours
Et désormais, seule à jamais, demeure aux pieds de ton cadavre
À contempler ton corps glacé, transpercée du coup qui le navre !
Puis d'un regard droit devant elle elle entrevoit le soir tombant,
Oit le vibrant appel du glas à la fenêtre qui l'attend
Et dans un cri joignant son ombre à la nuit sombre qui palpite,
Hurlant sa douleur déchirante à travers tout se précipite !

Et pour toujours son hurlement traverse la terre et les cieux,
De l'épouvante et de l'horreur immense écho victorieux,
Foudre lancée des hauts remparts de toute sa fureur qui tonne
D'un choc mille fois répété sur le sol pâle qui frissonne !

Le chœur des anges

Alors surgit le Docteur Noir dans la tourmente du grand bruit,
Trop tard pour arracher Cassandre au gouffre d'enfer et de nuit,
D'un revolver brisant le fer des serrures, les gonds des portes,
Cherchant éperdument Stello dans le tourbillon qui l'emporte
Et disputant son corps exsangue à la victoire de la faux,
Dont la mort aux bras décharnés peuple et repeuple ses tombeaux !

Mais Stello meurt.
Il joint son âme aux pas du terrible cortège
Du grand triomphe de la mort avec les démons qui l'assiègent ;
Il marche toujours plus profond sur le chemin des suicidés
Où des flammes toujours plus haut jettent les uniques clartés.
Constellés de leurs seuls fanaux, crevant les entrailles du monde,

Les couloirs ténébreux s'en vont au souffle des vapeurs immondes,
Grouillant d'êtres que nul n'a vus sous les plus pâles feux du jour,
Descendant et bientôt tombant où tout est plus noir et plus lourd !

LE CHŒUR DES DÉMONS

Et c'est l'Enfer, l'Enfer, l'Enfer !...

STELLO

            Silence ! et qu'ici votre horde
Fasse moins retentir les cris du malheur et de la discorde !
Je ne veux plus ouïr de vous la litanie des mille pleurs
Que font les âmes dévastées, ni l'océan de leurs clameurs !
Ne parlez plus des flots de feu, vagues des montagnes fumantes
Qui dans les abîmes d'en bas roulent leurs charges écumantes !

LE CHŒUR DES ANGES

Mais le Docteur Noir, au chevet du corps tombé dans le trépas,
En peu d'instants a refermé les plaies béantes de ses bras,
Puis rend à son cœur que déjà le chaos de la mort encombre
Le souffle de la vie, le sang, les coups, la mesure et le nombre.
Et c'est ainsi que l'on revit, pâle sous l'azur du ciel clair,
Celui qui s'en fut et revint après avoir connu l'Enfer.

DOCTEUR NOIR

Qu'avez-vous ? Dites-moi la fièvre qui vous hante
Et quelle vision du sceau de l'épouvante
        Frappe, Stello, vos yeux hagards !

Stello

Ne les voyez-vous pas ? qui me suivent sans trêve
Et sont bien plus, hélas ! que l'ombre de mes rêves
        Ou l'ombre errante du hasard !

Leur horde me rappelle encor ce jour terrible
Où, trop las de leur vue, je me suis pris pour cible
Et d'un geste insensé croyant les fuir enfin,
J'ai cherché le repos de la mort par ma main.

        Je sentais couler goutte à goutte
        Mon sang d'une froideur de mort,
        Et tous les astres sur la voûte
        S'arrêtaient comme le Grand Sort.

        Plus rien n'était ; plus un nuage,
        Plus un pâle rayon de feu,
        Mais devant moi leur seule image
        Envahissait tout jusqu'aux cieux :

Les démons ! Les démons ! Les démons et les anges,
Toujours à mes côtés de leurs clameurs étranges
Jetant, venus du Ciel ou venus des Enfers,
Au plus profond de moi l'effroi de leurs éclairs !
Il semble que déjà sur tout monte leur peste !
Qu'aux yeux des vrais vivants même ils se manifestent !
Ne les voyez-vous pas, Docteur Noir ?

Docteur Noir

                      Je ne vois
Que sur votre visage et dans vos yeux l'effroi.
Me parlez-vous de tout ce qui vous environne ?
Je suis au désespoir de n'y trouver personne
Car je voudrais les voir, ces êtres en courroux
Dont les hululements ne parlent que de vous,

Toucher du doigt ces plaies que chaque heure ravive
Et connaître avec vous ces horreurs qui vous suivent,
Mon ami ! Tant je souffre en vous considérant,
Comme broyé déjà de leurs crocs déchirants,
Sans cesse enveloppé de ce flot redoutable
Dont chaque heure sonnant de la vie vous accable ;
Tant je crois qu'en vivant un jour votre destin
Je vous aiderais mieux par des actes moins vains !

STELLO

Je puis pour un instant, sur mes malheurs sans nombre,
Entrouvrir à vos yeux les citadelles d'ombre
Qui masquent aux vivants les hordes de la nuit :
Si vous voulez les voir, Docteur Noir, les voici !

*Stello se met face à lui et lui pose les mains sur les épaules
pendant quelques instants.*

DOCTEUR NOIR

Horreur ! Suprême horreur ! Comble de l'épouvante
Que ce peuple d'effroi qui vous suit et vous hante !
Dois-je encor souhaiter, à cette vision
Qui fait trembler mon âme et trouble ma raison,
Que mes yeux, serviteurs et suprêmes flamines
De mon esprit, des feux d'un tel jour s'illuminent ?
Pour les fuir à jamais, je veux porter mes pas
Vers les sombres pays où le soleil n'est pas !

Ces anges même, avec leurs épées flamboyantes,
Ont des regards de feu, des faces terrifiantes
– Et s'il faut les louer de veiller sur le Ciel,
Il ne faut pas les voir avec des yeux mortels !

STELLO

Tous me sont attachés. L'éclat de mon prestige,
D'un honneur dont le sang s'épouvante et se fige,
Mais d'un insigne honneur pour toujours m'a comblé.
Leur garde, que le Ciel assigne à ma demeure,
Partage à mes côtés la moindre de mes heures
Et sur mes moindres pas leurs pas s'en sont allés.

Surtout, ne quittez pas ces lieux ! Parmi les ondes,
À tous les horizons maudits, à tous les vents,
Les autres entités inconnues des vivants,
Anges, démons, élémentaux, larves immondes
Sorties des trous béants de tous les inframondes,
Mêlent confusément aux drames leurs rumeurs
– Et souvent j'en reçus des visions d'horreur.

Il désigne des êtres qui traversent la scène et semblent à la
croisée de la limace, du serpent et du scarabée.

Les voici !
          Larves nées des passions encloses,
Grouillant dans la splendeur et la hideur des choses,
Ou cherchant sous les yeux d'un esprit terrifié
Maintes exhalaisons de son corps putréfié !
Ou montant à l'assaut en de sombres nuages
Des êtres que l'alcool écartèle et ravage,
Qui n'ont pour vision ultime en leur regard
Que ces monstres lancés sur leurs membres hagards…

Oui ! Nous allons les fuir, eux que je vois sans cesse,
Veillant sur chaque instant que le malheur me laisse
– Mais nous ne les fuirons que pour des lieux plus noirs
Qui sont à celui-ci ce qu'est la nuit au soir ;
Car ce monde, où les corps souffrent et se démembrent,
N'est du monde infernal qu'une pâle antichambre,
Un purgatoire où sont les larves, les esprits,
Les anges, les démons et tout ce qui gémit.
Il est d'autres malheurs comme il est d'autres mondes

Qui règnent au milieu des étoiles, dans l'onde
Où brille leur reflet ou dans le ciel encor,
Avec pour horizon le seuil d'une autre mort.

Je fus, vous le savez, un puissant alchimiste,
Disciple d'Evola et d'Hermès Trismégiste :
Je voulais éveiller, ici et maintenant,
Le dieu qui dort caché dans notre pur néant ;
Je recherchais l'instant où je verrais paraître
L'illumination suprême de mon être,
Où, foudroyant la Cause et la Roue du Destin,
J'atteindrais la clarté de l'or suprahumain.

Nous poursuivions Cassandre et moi la même quête,
Partageant l'athanor, creuset de l'Art royal,
La forge où s'élevaient le souffle et le métal,
Et le double serpent qui montait sur nos têtes.
Et nous allions victorieux au milieu de l'ombre et du vent,
Lançant à travers les nuées nos deux visages triomphants,
Brandissant le flambeau sacré des plus hautes hiérogamies
Vers le soleil toujours vainqueur qui règne au-delà de la vie !

Mais hélas ! mon très haut pouvoir ne fut pas tel
Qu'il pût, transfigurant nos ailes fugitives,
Nous arracher au sol où les âmes plaintives
Errent en contemplant le pur soleil mortel.

LE CHŒUR DES DÉMONS

Stello marcha, il s'envola, s'échappa de la nuit des songes
Pour aller où l'attend le jour, dans un ciel plus clair et plus froid ;
Il vit la lumière et le ciel paraître où l'or du couchant plonge
Et se dresser l'âme de tout, en un son plus pur et plus droit.

Il se vit baigné d'un halo, d'un regard embrassant la terre,
Du mortel et vieil horizon aux rayons de l'aube première,
Et connut les paroles d'or qui peuvent détruire ou créer.

Il crut régner parmi les dieux d'un règne qui n'a pas de borne,
Monté sur un trône glorieux et qui de mille splendeurs s'orne
– Jusqu'à l'heure où devant ses yeux, un gouffre immense vint béer.

LE CHŒUR DES ANGES

Il a marché jusqu'à ce bord sinistre,
Fasciné par le froid visage du néant
Qui répandait, crevant la terre bistre,
Son trou sans fin et d'un noir éclatant
Auprès duquel était claire la nuit[5].

Mais il s'est trop approché de cette ombre,
Jusqu'à ne plus composer qu'un seul nombre
Avec le gouffre étrange où tout finit
– Sauf la douleur et l'éternelle nuit.

Il est tombé dans le grand précipice ;
Pour le sauver, nul bras ne s'est ouvert.
Il a crié sans que plus rien ne puisse
Répondre au cri qu'il jetait dans l'éther.
Même l'écho de ses propres paroles
A passé, sans résonner un instant.
Il a continué sa course folle
Toujours plus loin, toujours, toujours, vers le néant.

STELLO

Tel fut l'échec. Il n'est resté que le cinabre,
Le deuil et le malheur et le grand soir macabre,
Un univers nouveau qui s'ouvrait sur nos pas,
Où nous allions, hantés d'une étrange lumière,
Heurtés à chaque instant d'une ombre singulière

---

[5] Dans ma poésie théâtrale, plus que dans ma poésie non théâtrale, je suis l'alternance des rimes ou des assonances masculines et féminines. Dans cette scène il n'en va pas ainsi à trois occasions, s'agissant de vers du *Testament de la licorne* composés antérieurement et repris dans *Los Angeles*, que je n'ai pas voulu modifier.

Et voyant tout ce que les humains ne voient pas :
Monstres hideux qu'a recrachés le fond des entrailles du monde,
Jetant leurs malédictions au gré des âmes vagabondes,
Entités qui ne sont plus rien que les cadavres des esprits
Et qui grouillant et claudiquant se désagrègent dans la nuit,
Anges dressés fixant toujours du feu de leurs regards farouches
Le flot terrible des vivants dans l'or du soleil qui se couche !
Et la longue et lourde massue qui cogne et cogne jour et nuit :
C'est le glas éternel du deuil qui sonne et jamais ne finit,
Clamant à tous les horizons du Grand Malheur le très haut règne
Dont il n'est pas un seul instant que sa sombre splendeur n'étreigne !

Et je les vois encore et je les vois toujours,
Environnant partout les pâles Destinées
De leur terrifiante et grotesque nuée,
Au plus profond de la douleur et de l'amour !

LE CHŒUR DES ANGES

Il espérait ne jamais voir les ombres
Qui tournoyaient sans fin autour de lui,
Auréolant sa silhouette sombre
Qui répondait au grand deuil de la nuit.

Il espérait ne jamais voir ce monde
Immense, étrange et constellé de peur,
Entourant tout, plus ondoyant que l'onde,
Brûlant, grouillant et glacé de terreur.
Et leurs fumées, heurtant l'horizon morne,
Tourbillonnaient dessous le ciel sans borne
– Éperdument ! et revenaient sans fin
À la lueur du jour pâle et lointain.

Et lui songeait toujours à ces nuées
Qui l'obsédaient de leurs folles huées,
Qui se trouvaient et se perdaient en lui,
Se confondant au grand deuil de la nuit...

Il espérait ne jamais voir ces ombres.

STELLO

Ce pouvoir du Grand-Œuvre, hélas ! était le fruit,
Nous ouvrant à jamais la vue sur les esprits,
Et pour nous désormais s'écartaient les nuages
Qui masquent aux humains l'effroi de ces images.
Mais, face au trou béant du voile déchiré,
Hors de l'heureuse nuit dont nous étions tirés,
Nous n'avions pour soutien nulle ardente lumière
Mais la seule clarté des êtres de la terre…
Car tout ce que d'En haut nous avions obtenu,
Vaine dérision, nous laissait froids et nus,
Trop forts pour regagner les cohortes humaines,
Trop faibles pour monter jusqu'aux rives lointaines,
Avec, pour affronter ce nouvel horizon,
Pour ultime flambeau nos seules passions
– Elles ! qui nous avaient attirés dans le gouffre
Dont, à l'heure où flamboient le mercure et le soufre,
Le mage audacieux toujours doit se garder :
C'est l'amour du néant qui seul vint nous guider.
Et nous n'eûmes plus rien que le soir qui nous baigne,
En la lueur immense et trouble de son règne
Peuplée d'êtres sans forme, épars, de spectres flous
Qui hantent les regards des maudits et des fous !
Pourtant, depuis des ans les Maîtres et les livres
M'avaient montré la voie que je n'ai pas pu suivre ;
J'ai failli : je n'ai pu nous emmener plus haut,
Où je voyais briller l'or de leur pur flambeau.

LE CHŒUR DES DÉMONS

Ils avaient dit

Que se répandrait la grande lumière

En lui, hors de lui, partout sur la terre,
Sortant de son front divin, éclairé
Des mille splendeurs de l'immensité.

Mais il ne voyait que la nuit sans borne,
Sombre – et puis baignée d'une lueur morne,
Traversée soudain de lugubres feux
Qui lui dévoraient le ventre et les yeux.

LE CHŒUR DES ANGES

Et lui, terrifié, hurlait de souffrance,
Ivre d'horreur et de désespérance ;
Des monstres, surgis du feu des Enfers,
Souillaient de leur souffle immonde les airs
Et volaient, marchaient et rampaient vers lui
– Pour s'évanouir enfin dans l'oubli.

Et d'autres venaient et grouillaient sans cesse,
Larves submergeant de leur folle ivresse
Tout son être las, brisé par le sort.

Elles s'emparaient de son âme errante,
Jetant le chaos après l'épouvante,
Dans un long hoquet qui heurtait son corps.

C'en était fini de son existence ;
Et si l'on voyait son être dissous
Se mouvoir encor de sa triste danse,
Il n'en restait plus que ces reflets fous.

Ainsi finissait pour lui le Grand-Œuvre :
Sous les mille bras glacés d'une pieuvre
Qui l'avaient vidé de son pauvre sang ;
Sous le sceau d'un terrifiant sortilège
Dont se refermait à jamais le piège
Et qui seul faisait tressaillir son flanc.

LE CHŒUR DES DÉMONS

Il n'était plus rien.
Il n'était plus qu'un
Souvenir, une ombre
Dont l'âme avait fui

– Pâle corps maudit,
Vivante décombre ;
Débile pantin
Qu'agitaient sans fin
Les forces ardentes

Qu'il avait lancées sur son être nu,
Qui l'avaient mordu,
Qui l'avaient vaincu,
Qui l'avaient brisé de leurs voix stridentes...

LE CHŒUR DES ANGES

Pour n'avoir pas su tenir ces serpents
Loin de lui, serrer leurs trognes hideuses,
Les tordre – et broyer leurs âmes furieuses
Dont la mort l'eût fait l'égal des géants.

Il hante aujourd'hui, pitoyable loque,
Un monde avili où l'esprit suffoque,
Transformé, vidé, libre de la mort,
Pourrissant plutôt, vivante charogne,
Ombre du Démon – qui fait sa besogne.

STELLO

Je crus leur échapper par la mort. Cette erreur
Vint ajouter encor une suprême horreur
À mon sort douloureux. Je m'en fus, solitaire,
Trancher le triste cours de mes maux sur la terre.

      Je n'osai rien en dire à Cassandre, espérant
      Que toujours mieux que moi dans le flot des tourments,
      Des ombres, des gisants, des démons et des anges,
      Elle affronterait le chaos des jours étranges…
Et je connus l'Enfer, l'Enfer !

                           Je voudrais ne plus en parler !
Je n'y demeurai qu'un instant et vis mourir des jours entiers ;
Je vis les fourches des démons déchirer mon cœur en cohortes,
Puis votre main qui m'arracha de l'Empire de la nuit morte,
Dans un éclair né de nouveau, revenu d'au-delà des temps !
Il m'en demeure à tout jamais le souvenir éblouissant.

      Hélas ! Il n'est aucun des charmes de la terre
      Pour briser d'un tel sort l'étreinte singulière.
      Je suis le grand maudit et l'éternel damné,
      De la tiare de feu dans le soir couronné,
      Pareil, quoi qu'il advienne et quels que soient mes actes,
      À ceux qui sont liés par le sang noir du pacte.

Et quand je revins à la vie hors du pays des trépassés,
Je vis le spectre du Destin que nul fléau n'avait lassé,
S'acharnant et frappant toujours du lourd marteau de la Géhenne
Pour ne rien laisser après lui que le malheur et puis la peine !
Je vis Cassandre ensevelie, morte pour m'avoir trop aimé,
Ayant jeté du haut du ciel dans les Enfers son corps broyé,
Ayant croisé mon âme errante à l'heure de son plus grand crime,
Tombant sans fin d'où je montais, au cœur flamboyant des abîmes
Et scintillant, pâle lueur brûlant toujours plus loin des Cieux
– Là où tout sombre et disparaît et meurt au froid regard de Dieu.
Ainsi va la Roue du Destin qui nous écrase et nous emporte,
Jetant à l'horizon lointain le grand chaos des âmes mortes,
Faisant tourner tout l'univers au gré de son rythme fatal
Frappé des douze coups du sort nés du fracas du lourd métal.

      Cassandre ! Elle qui fut, parmi mes jours funèbres,
      La nef illuminée sur un flot de ténèbres,
      La très sublime et l'unique apparition
      D'un feu qui transperçait l'ombre de ses rayons !

(Droits réservés)

Croyez-vous qu'à ma mort, quand sous les mornes voûtes
Mon âme épouvantée s'ensevelira toute,
Il me sera permis du moins, dans les Enfers,
De la revoir enfin sous le grand ciel de fer ?
Et, comme elle damné pour n'avoir voulu vivre,
De la trouver au fond du gouffre, et de la suivre ?
Non ! du monde d'en bas, de son noir souverain,
J'attends moins, s'il se peut, que de l'azur lointain,
Et nul ne me ferait espérer qu'un tel songe
Soit moins évanescent qu'une ombre qui s'allonge
S'il n'a pour seul objet, là-bas où tout finit,
Où le malheur nous hante et nous ensevelit,
De nous mettre elle et moi pour toujours face à face,
Afin qu'en des tourments que jamais rien ne lasse
Nous nous voyions souffrir l'un et l'autre, au milieu
Des tourbillons de lave et des fleuves de feu.

Depuis, je garde en moi ce qu'un tel jour enseigne :
La vie, c'est le malheur ; le Grand Malheur qui règne.
Et, retrouvant le monde en renaissant ici,
J'en sais toute l'horreur, la terreur et la nuit.
Il ne m'est rien resté qu'un amas de décombres,
Un champ clos ravagé d'où montent sur les tours
Les feux des incendies dans le chaos des jours
– Et tout autour de moi sans fin règnent les ombres.

Celles des noirs démons que je n'ai pas rêvés :
En remontant ici je les ai retrouvés,
Décrivant sur mes pas le plus hideux cortège
Lancé contre un mortel par le flot qui l'assiège,
Mêlant pour proclamer les ordres du Destin
Sous le ciel courroucé deux chœurs aux voix d'airain :
Les démons ! Les démons ! Les démons et les anges,
Comme ivres à jamais de la joie sans mélange
De voir à chaque instant Stello plus près du bord
Où l'Enfer éternel l'attend avec la mort.
Et je m'en vais dans l'ombre et le soir qui s'achève,
Sachant qu'il n'est pour moi plus de joie, plus de rêve,
N'ayant à mes côtés, dans un cercle de fer,
Qu'anges voués au Ciel et voués à l'Enfer.

Cependant, à les voir depuis ma renaissance,
J'eus parfois le bonheur d'oublier leur présence,
Tant, à les côtoyer, le plus funeste mal
Peut être vu d'un œil et d'un cœur plus égal.
Et je connus aussi mon pouvoir d'exorciste
Par lequel le Grand-Œuvre en mon être persiste,
Me permettant du moins au seul son de ma voix
De renvoyer chez eux les démons et l'effroi.

LE CHŒUR DES DÉMONS

Quand ils ne sont pas ceux de la fière cohorte
Que, liés à l'Enfer, tes pas toujours emportent :
Quand ils ne sont pas nous ! qui veillons sur Stello,

Aux ordres sans pitié de Satan le Très-Haut
– Ni les anges du Ciel dont les échos sonores,
Te suivant avec nous, nous exaltent encore.

STELLO

Oubliez cependant ces monstres, ces clameurs
Qui ne sont qu'un reflet vivant de mon malheur !
Car c'est bien moins sur eux que se fondent mes craintes
Que sur la troupe immense et sur l'ardente plainte
Qui, depuis tant de jours, montent parmi les airs
Du fond de la tourmente et du feu des Enfers.
Ce ne sont plus du Mal les forces vagabondes
Qui dans un cœur maudit s'immiscent et se fondent
Et que le rituel, de son glaive d'airain,
Renvoie dans les tourments des abîmes lointains,
Ni le frémissement du fatal adversaire
Qui, depuis qu'ont paru des âmes sur la terre,
S'attache à les gagner, imperceptiblement,
D'un rayon de lumière ou d'un souffle de vent…
Non ! Je vois s'élever la rumeur qui me ronge
En ce qui n'est pour vous que la brume d'un songe,
Le murmure d'un soir berçant un homme las
De ses noirs grondements que vous n'entendez pas.
Moi je la vois enfler, vague toujours plus forte,
Premier signe lointain des sanglantes cohortes
Qui lentement, du sol grouillant de leurs flots fous,
Sortent pour se grouper et se jeter sur nous.
Voici venu le temps des légions ardentes
Nées du feu des Enfers et des clameurs stridentes,
Forgées du noir métal des mondes souterrains
Tout au fond de l'horreur des neuf cercles d'airain
– Et des fosses d'en bas, jusqu'à la plus profonde,
Jaillit le flot montant des hordes d'outre-monde,
Grondant, emportant tout des fleuves qu'ont rougi
Les flammes et le sang, la fureur et la nuit.
On les verra bientôt surgir dans la lumière,

Embraser tout le ciel des nuées du Démon,
En proclamer le règne à tous les horizons
Et répandre en tous lieux le malheur sur la terre !

Mon pouvoir est aussi de descendre où s'en vont
Les âmes des damnés, loin sous le sol profond,
Suivant jusqu'aux Enfers des morts l'horrible trace,
La malédiction suprême de la race
De Caïn et d'Abel, quand retombent sur eux
Le Trône des Douleurs et le fleuve de feu.
Je vous y conduirai par les voies insondables,
Nées en-deçà de tout, des demeures du Diable,
Seuil de l'épouvantable Empire de Satan !
Et je vous montrerai l'horreur qui nous attend.

LE CHŒUR DES ANGES

Voici l'horreur ! Voici la nuit ! Voici l'effroi ! Voici la peste !
Le feu de l'éternel séjour dans l'exil en-deçà de tout,
Que ne saurait illuminer la clarté des êtres célestes
Enfuis au-devant du soleil à travers le ciel en courroux !

Le chœur des anges se retire.

SCÈNE 2

STELLO, DOCTEUR NOIR, LE CHŒUR DES DÉMONS

Des flammes rouges surgissent et envahissent toute la baie vitrée.

STELLO

Voici la porte où tout se meurt de notre monde,
Où sur l'espoir défunt prévaut le Règne immonde,
Où seul doit demeurer sous le fatal flambeau
L'envers de ce qui fut les rêves les plus beaux.

LE CHŒUR DES DÉMONS

C'est le fanal sanglant brûlant dans les ténèbres,
Le feu dévorateur du crâne et des vertèbres,
Qui perce comme un clou l'être de part en part
Et le vrille et le mord de son terrible dard !

C'est, hors de la lumière éternelle et divine,
Le seul soleil ardent dont l'Enfer s'illumine,
De tous ses étendards le plus étincelant,
Le Grand Malheur suprême et le Roi des tourments !

STELLO

De vous je n'attends rien, plus rien que le silence,
Voile du désespoir sur le malheur immense,
Dont jusqu'au plus impur des êtres de la nuit
Ne peut qu'envelopper ces rivages maudits !

*Le vent brûlant de la Géhenne souffle sur Stello et le Docteur Noir,
qui doivent lutter pour lui résister. Ils doivent presque crier pour se
faire entendre.*

Docteur Noir ! Nous sentons déjà souffler sur nous le vent du gouffre,
Portant jusqu'au seuil des Enfers les mille cris des morts qui souffrent.
Le premier cercle est l'ouragan ! qui jette en tous lieux nuit et jour
Tous ceux qui se sont trop aimés ou qui trop aimèrent l'amour.
Et puis comme eux, précipités, tous ceux qui trop voulurent vivre
Et qui vont toujours sans repos au gré des clameurs du vent ivre.

DOCTEUR NOIR

Plongé dans la terreur, je vois les Danaïdes et les flots
Qu'elles déversent à jamais de leurs gestes toujours nouveaux !

STELLO

Plus loin sont les marais grouillants, formant un ignoble mélange
Des tourbillons de la vermine avec le chaos de la fange
Où détrempés, décomposés, rongés d'ordures et de poux,
Baignent tous ceux qui n'ont rêvé que du sommeil des soirs trop doux
Et dévorant, et s'endormant, faisant gonfler leurs faces rouges,
Ont oublié l'ardeur de vivre — et pour cela plus ils ne bougent.

DOCTEUR NOIR

Et voici les ombres meurtries des plus augustes trépassés
Dont les tourments ont retenti durant tous les siècles passés !
Sisyphe à l'éternel vainqueur mène une éternelle bataille,
Poussant le roc droit devant lui dans un défi toujours plus grand ;
Rongeant Tityos, les deux vautours font un festin de ses entrailles,
Mais le fantôme de la vie ranime leurs restes sanglants
– Et le Malheur toujours revient, né de la Matière et du Temps.

Puis encor, lancée à tout rompre au fond de la terreur des âmes,
Brûlante image du Destin et du Grand Mal dans le trépas,
Tourne, tourne la roue d'Ixion cerclée de serpents et de flammes,
Faisant briller un astre noir où le soleil n'existe pas !

LE CHŒUR DES DÉMONS

Et nous rions, et nous rions aux quatre coins de la Géhenne,
À l'horizon pâle et glacé du Règne éternel de la peine,
Nous délectant des cris sans fin de la douleur que rien n'endort
Et triomphant par-dessus tout du Grand Triomphe de la Mort !

STELLO

Il faut de vos êtres maudits que jusqu'à l'ombre disparaisse
Pour que du moins puisse hurler et pleurer seule la détresse,
Loin de l'épouvantable chant des sarabandes du chaos,
Tourment ultime qui s'abat sur ceux d'au-delà du tombeau !

Maudits, soyez maudits avant de disparaître,
Vous, les plus odieux de la tourbe des êtres,
Qui troublez de vos cris même le désespoir
Des damnés exilés dans l'Empire du Soir !

Le chœur des démons se retire.

SCÈNE 3

STELLO, DOCTEUR NOIR

Et voici que paraît l'Enfer des plus grands crimes :
Meurtres et trahisons pourvoient à ces abîmes ;
Des marches se déploient, descendent dans la nuit
Hantée d'un tourbillon de fureur et de bruit,
Sous l'univers entier posé tel un couvercle :
C'est l'Enfer dont très bas s'enfoncent les neuf cercles,
Le gouffre illimité qui s'ouvrit pour Satan,
Où nul n'attend plus rien de l'espace et du temps,
Où lentement dans la douleur se décompose
Et renaît à jamais sans mourir toute chose !
Devant qui le soleil ne vient plus, terrassé,
Que proclamer sans fin l'absence de clarté
– Et des flammes dressant leurs voûtes triomphales
Font partout resplendir de hautes cathédrales,
De l'ordre et du chaos dans le monde d'en bas
Dressant le feu dévorateur où tout s'en va !
Et je vois devant moi le spectre de Cassandre
Qui ne peut plus me voir, qui ne peut plus m'entendre,
Comble de la souffrance et comble de l'effroi
Avec le Grand Malheur pour éternelle loi !
Vivant et revivant dans sa chute infinie
Les instants de terreur ultimes de sa vie
Depuis les hauts remparts des montagnes de fer
Autour de la Cité du centre de l'Enfer !

ACTE III

*Les hommes sont partout et toujours de simples et faibles
créatures plus ou moins ballottées et contrefaites par leur
destinée. Seulement les plus forts ou les meilleurs se
redressent contre elle et la façonnent à leur gré au lieu de
se laisser pétrir par sa main capricieuse.*
Alfred de Vigny (*Stello*, XX)

*It grows and grows, a huge white eyeless Face
That fills the void and fills the universe,
And bloats against the limits of the world
With lips of flame that open…*

*(…) il grandit encore,
Face sans regard, pâle, gigantesque,
Qui vient emplir le vide et emplir l'univers,
Et qui s'accroît toujours devant les bords du monde
En ouvrant des lèvres de feu…*
Clark Ashton Smith, *The Hashish-Eater; or, The Apocalypse of
evil* (*Le mangeur de hachisch, ou L'Apocalypse du mal*)

SCÈNE PREMIÈRE

G ALADRIEL, S TELLO, LE CHŒUR DES ANGES, LE CHŒUR DES DÉMONS

Dans l'appartement de Stello.

STELLO

C'est moi qui fus vainqueur du mal hier encore,
Extirpant d'un mortel l'ombre qui le dévore,
Quand la danse et le sort au milieu des flambeaux
Faisaient tourbillonner le jeu dans le chaos.

C'est moi qui fis cesser la folle cavalcade
Que menaient les démons dans un affreux malade
Abandonné de tous, au fond de l'hôpital,
Pour s'y tordre et gémir de l'horreur de son mal.

C'est moi qui renvoyai dans son brasier funeste,
Avant qu'il eût craché ses flammes et sa peste,
Le dragon qui voulait abattre en un éclair
Un avion dans son vol au milieu des éthers.

LE CHŒUR DES ANGES

Et Satan fit sonner les cloches infernales
Dont le tocsin appelle à hâter ton trépas,
Reflet de la fureur que ta voix triomphale
Inspirait aux puissants des abîmes d'en bas !

STELLO

Quand à San Francisco je poursuivais ma quête,
J'ai vu parmi la brume, en haut du Golden Gate,
Et j'ai précipité dans leur feu des esprits
Qui montaient à l'assaut des âmes dans la nuit.

J'ai pourchassé, au fond des taudis les plus sombres,
Dans le sein des mourants cachés au cœur de l'ombre,
L'abomination les rongeant de ses crocs
Pour ne rien laisser d'eux que leurs propres tombeaux.

Depuis les hauts palais des étages stellaires,
Sur les sommets des tours montant vers la lumière,
J'ai jeté bas les noirs disciples de Satan
Dans le brasier de soufre et l'infernal étang.

C'est moi, seul entre tous, jusque par mon silence,
Qui brise autour de moi tout le malheur immense,
Qui sauve du grand deuil ceux que nul n'a aidés
En arrachant le mal du cœur des possédés.

J'ai sauvé des mortels, j'ai fait rentrer des âmes
En leurs corps qu'avaient fuis tout d'elles lentement,

En chassant des démons pour les rendre à leurs flammes :
J'ai rendu coup sur coup à l'Enfer triomphant !

GALADRIEL

Oui. Je sais tout cela. Eh bien ?

STELLO

                              J'attends le signe
Que le Ciel pourrait faire à Stello, qu'il assigne
À l'Enfer éternel ! J'attends que mes exploits
N'en fassent qu'entrouvrir la grand porte pour moi,
Qu'il soit dit que demeure une vague espérance
D'échapper au brasier de l'éternelle errance,
Qu'au plus grand des chasseurs de démons ici-bas
Le salut sans appel ne se refuse pas !

GALADRIEL

Vain mortel ! Qu'attends-tu du Ciel en ton délire ?
Même les plus hauts faits ne sauraient lui suffire
Quand ils n'ont pour objet, en leur zèle menteur,
Que de fuir des Enfers la suprême terreur.
Crois-tu monter ainsi hors de ta nuit complète,
Et que le Paradis pour quelque prix s'achète ?
Non, fût-il le plus haut ! Tout autre est notre loi.
La plus belle action est vaine sans la foi,
La foi qui, de ce jour où tu fus sous la terre
Aux rivages d'en bas, ne t'est plus nécessaire :
Tu ne crois pas, tu sais. À tes yeux il n'est plus
Que la nuit des damnés et l'azur des élus,
Et leur suprême horreur et leur suprême gloire
Qui font à tout jamais que tu ne peux plus croire :
Tu restes donc damné, sous les coups de la mort
Qu'un jour tu t'infligeas, scellant ton triste sort.

STELLO

Galadriel Archange ! Écoute mes paroles !

Satan dresse en tous lieux sa ténébreuse idole,
Tant qu'il n'est presque plus désormais dans le ciel
De jour venant finir sur nous son cours mortel
Sans que, par quelque horreur née du gouffre funeste
Où se tint renfermée longtemps sa grande peste,
De toute sa vigueur l'écho se manifeste.
L'abomination de cet éclat nouveau
Vient éblouir nos yeux des feux de son flambeau
– Et résonne, toujours plus forte et plus certaine,
Sa rumeur échappée des murs de la Géhenne ;
Bien plus, hors de l'exil qu'il n'a jamais quitté,
Il se propose au jour en sa pure clarté,
Aux yeux de la cohue dans un défi suprême
Osant l'exploit nouveau d'apparaître lui-même !
Jamais, jusqu'à ce jour, les démons tant de fois
N'ont troublé les vivants du chaos de leurs voix ;
Jamais, sinon parfois aux âmes les plus fortes,
Ils n'ont montré les flots de leurs sombres cohortes.
Qu'en est-il ? Que dis-tu de ce cruel courroux ?
Est-il encore un Ciel qui s'étende sur nous ?

GALADRIEL

Il n'en est plus aucun.
                        Tous mes jours sans relâche
Depuis longtemps déjà dans l'ombre s'y attachent.
Chaque effort que déploient mes ailes dans les Cieux
Vise à les éloigner d'un trop indigne lieu.
Chaque étincelle d'or de ma vive lumière
Vise à les détourner des malheurs de la Terre,
Car le temps est passé ; car désormais ses pas
L'entraînent vers le gouffre et ne reviendront pas.
Déjà la grande faux éclatante se lève

À travers les nuées comme l'ombre d'un rêve ;
Déjà brillent, destin suprême des vivants,
Le fer du grand massacre et le feu des tourments.

Quand tu verras enfin dans un long cri funèbre
S'ouvrir avec le sol les portes des ténèbres,
Les neuf cercles de nuit qui ceignent ton gisant
Se refermer sur toi en t'ensevelissant,
Tu n'y seras pas seul, car des foules sans nombre
Y rejoindront ton âme au milieu des décombres,
Comme un flot déferlant jeté par le trépas
À travers tout, dans les entrailles de la terre
Où nul ne verra plus que l'unique lumière
Du feu qui brille et brûle et qui ne cesse pas.

Le monde va finir.
                    Déjà son glas résonne
Au milieu des nuées, du vent qui tourbillonnent,
Où quelques-uns déjà discernent jour et nuit
Les voix et les lueurs nées du gouffre maudit.
Et toi qui es l'un d'eux, tu vois un peuple inerte
Sombrer, inconscient de l'effroi de sa perte,
Tu vois monter sur lui le plus terrible temps,
Celui du grand assaut des hordes de Satan,
Quand, ivres de passer à travers le grand voile,
Les démons surgiront sous l'éclat des étoiles
– Et ces monstres impies feront à tous les yeux
Paraître leur chaos de terreur et de feu,
Roulant un tourbillon d'épouvante et de rage :
Qui peut en supporter la détestable image ?
Toi-même, environné de tant d'horreurs sans nom,
N'as trouvé que la mort pour fuir ces visions :
De tant d'autres vivants, que pourrait-il en être ?
Ils voudront oublier le jour, et disparaître.
Ils n'en auront d'ailleurs pas même le loisir
Sous les coups des démons qui les feront périr,
Pour les entraîner tous au fond du Règne sombre
Qui n'aura jamais vu vers lui tomber tant d'ombres.

STELLO

Et tu ne fais qu'attendre, au seuil d'un jour nouveau,
Qu'avance à l'horizon le suprême fléau !
Pire encore, au-delà d'un indigne silence,
Tu détournes les Cieux de ce malheur immense,
Précipitant pour nous vers l'abîme sans fin,
S'il nous faut y sombrer, la course du Destin.
Que fais-tu ? Que veux-tu ? Dis par quel sort étrange
Les noirs vœux de l'Enfer à tes vœux se mélangent !
Que t'ont fait les vivants et le soleil qui luit
– Et quand il meurt, les feux des astres de la nuit ?
Pourquoi, favorisant tout le mal qu'il conspire,
Viens-tu prêter ton bras au ténébreux Empire ?

GALADRIEL

Les vivants ? Ils ne sont que poussière d'un jour,
La race pour laquelle il n'est plus nul secours,
Ternes formes rampant, vagues sous le ciel lourd,
Évaporées bientôt, tardives et trop lasses,
Comme un fleuve se perd en la brume qui passe.
Je ne vois d'eux plus rien qu'une horde sans nom,
D'inutiles débris jetés sur l'horizon
– Rien qui, de son néant montant jusqu'à mes ailes,
Retienne un seul de mes regards, ou qui m'appelle.
Les humains ne sont grands que par l'ombre et les pleurs,
Livrés aux crocs sanglants de la Grande Douleur,
Affrontant le Destin dans le choc des tempêtes
Au milieu du chaos et de la nuit complète
– Et c'est pour attiser cet indicible feu
Qu'il n'est que le malheur que j'invoque pour eux.

STELLO

Des mains chargées de maux sont bien des mains divines[6] :
Je n'en attends plus rien qu'une éternelle horreur,
Le silence et les cris et l'ombre qu'illuminent
Les seuls ivres brasiers nés des soirs de terreur.
Vois monter la cohue sans fin des misérables
Qui souffrent tant et tant qu'ils en oublient le Ciel,
Ployant sous le fardeau des maux qui les accablent,
Broyés dès ici-bas par le soleil mortel.
Faut-il leur reprocher de ne voir que la terre,
Tant ils sont sur le sol courbés pas après pas,
Ressuscitant toujours de l'antique misère
La malédiction qui court jusqu'au trépas ?
Oh ! si l'Être n'est grand qu'au gré de la souffrance,
C'est au-delà de tout que la Terre est immense
Et, plus que le Soleil, jette ses mille feux
En mille tourbillons au plus profond des cieux !
Les feux de la douleur, très haute souveraine
De tout ce qui sur terre un seul jour a vécu,
Régnant sur l'Univers jusqu'à l'ombre lointaine
Que des astres géants l'éclat mort n'atteint plus !

GALADRIEL

Mais c'est le Grand Malheur en son apothéose
Que je veux voir trôner, seul Roi de toute chose !
C'est lui dont je veux voir la torche et le fléau
Foudroyer l'Univers d'un feu toujours nouveau,
Le briser net, au cœur éperdu de sa course :
Car je sais que lui seul est la suprême source,
Que seul le paroxysme absolu de l'horreur
Porte l'Être au sommet de sa pure splendeur.
Ainsi viendra pour vous bientôt l'ultime épreuve,

---

[6] Vers inspiré d'un vers de *La Cantate du Narcisse* de Paul Valéry :
Des mains pleines de maux sont bien des mains divines. À la différence de Paul Valéry, je ne respecte pas la règle proscrivant d'intercaler un *e* muet entre une voyelle et une consonne, dont j'estime qu'elle ne correspond plus à l'état de la langue.

Aube d'une douleur plus ardente et plus neuve,
Sous l'implacable assaut des noires légions
Et le brasier vainqueur à tous les horizons.

LE CHŒUR DES DÉMONS

Alors, immémorial rempart au noir chaos de nos cohortes,
Dans un grondement inouï de l'Enfer s'ouvriront les portes
Et nous surgirons, rassemblés hors des entrailles du tombeau,
Purifiant tout sur nos pas par le trident et le flambeau,
Faisant de l'univers mortel un immense désert de flamme
Où les seuls bruits qu'on entendra seront partout les cris des âmes,
Brûlant sur la terre maudite où brillait jadis le ciel clair
Dont nous aurons fait pour toujours le dernier cercle de l'Enfer !

LE CHŒUR DES ANGES

Mais au milieu des cris, des pleurs de ce jour entre tous funeste,
Voici que monte vers le Ciel le chant vainqueur de ceux qui restent,
Le petit nombre des élus quand tous les autres sont damnés,
Loin du sol dévoré d'effroi que l'Outre-monde a calciné !

Ils vont très haut, toujours plus haut, fils de l'azur qui les appelle ;
Ils sont incroyablement peu, ils sont les seuls, les purs fidèles,
Illuminés de tant d'ardeur qu'ils sont immenses dans les Cieux
Où dans un élan triomphal leur chœur s'avance, glorieux !

GALADRIEL

Et c'est cette grandeur sans frein qui justifie toutes les peines,
Les âmes tombant par milliards dans les fourneaux de la Géhenne,
La mort de l'Éden ancien sous les coups du monde d'en bas
Dont les flots de sang et de feu dévorent tout de leur fracas :
Tel est le Grand-Œuvre qui vient submerger tout de sa lumière,

Avec pour sublime athanor la destruction de la Terre
D'où jaillit l'or philosophal, l'or le plus pur, l'or le plus haut,
La cohorte des derniers saints montant du gouffre des sanglots !

Quant à Dieu, ne crois pas que du haut de Son règne
Il ait délibéré qu'un tel sort vous étreigne.
Non : toute la rigueur d'une si juste loi
N'est l'émanation de nul autre que moi
– Sinon de Bélial, le plus puissant des êtres
Siégeant dans les Enfers aux côtés de leur Maître.
Il rêve, en contemplant les flammes dans la nuit,
De détrôner Satan du Royaume maudit ;
Il fomente avec moi la perte de tant d'âmes
Pour donner à l'Enfer le tribut qu'il réclame,
Mieux même que Satan le pourvoir de damnés
Et régner à sa place au gouffre illuminé.
De tout cela j'attends la part la plus sublime :
La joie de voir monter les élus jusqu'aux cimes,
Les plus saints des élus, les plus purs des élus
Au crible d'un malheur que nul n'aura connu !
Auprès d'eux nulle vie, nulle âme ne m'importe
Et j'en exulterai de voir la Terre morte !
Ainsi, pour la grandeur de l'Enfer et du Ciel,
Le démon Bélial, l'ange Galadriel
S'unissent par-delà le gouffre de leur haine
Pour tout anéantir d'une main souveraine,
Car nous avons conclu ce pacte glorieux
Sans nous préoccuper de Satan ni de Dieu.

Le temps vient désormais du dernier sacrifice
Dont sonnera bientôt l'heure la plus propice.
Je pars, t'abandonnant à ton mal sans pareil,
En déployer partout le terrible appareil.

Galadriel déploie ses ailes et prend son envol.

SCÈNE 2

Stello, le chœur des anges, le chœur des démons

Stello

Les démons ! Les démons ! Les démons et les anges !
Abandonnez un temps ma douleur sans mélange !
Une dernière fois, solitaire et secret,
Je veux rester dans l'ombre immense des regrets.
Renoncez à courir sur les ultimes traces
D'un homme épouvanté que le malheur dépasse,
Car il sait aujourd'hui que montent les flambeaux
De l'éternel Enfer au-delà du tombeau !

Le chœur des démons

Oui, nous t'accorderons, Stello, le repos d'une heure dernière :
Nous en aurons à l'infini pour tourmenter toute la terre,
Pour qu'en toi puissent retentir tous les échos de la douleur
Quand montera jour après jour l'océan de sang et de pleurs !

Le chœur des anges

Nous t'accordons du haut du Ciel cette heure de miséricorde
Avant que t'emporte à jamais le vent brûlant de la discorde.
Qu'en brille l'immortel rayon du Paradis posé sur toi,
À travers le gouffre sans fond dans une éternité d'effroi !

Le chœur des anges et le chœur des démons se retirent.

SCÈNE 3

Stello

Me voici désormais le seul parmi les hommes
À savoir le destin des ombres que nous sommes,
À voir le Grand Malheur qui s'attache à mes pas
Étendre à l'horizon l'Enfer et le trépas,
Le brasier infini, l'abîme qui s'avance…
Tout ne me parle plus que de désespérance
– Jusqu'à l'inanité d'une telle science.

Nul ne peut arrêter la marche du chaos
S'il ne règne en Enfer ou dans le Ciel très haut.
Le Ciel m'est interdit. Le Ciel ne peut entendre
Celui qui pour toujours au gouffre doit descendre.
Le Ciel ne peut plus rien pour l'éternel maudit,
Sinon voir s'embraser son âme dans un cri.
Il me reste Satan.
                         Ton antre qui m'appelle,
Ta gloire qui sur moi déploie déjà ses ailes,
Ton règne dont je vois monter la grande faux
Ne sauraient refuser audience à Stello !
Surtout si jusqu'à lui, noir souverain des ombres,
Cette urne avec la mort te conduit sans encombre.

Stello boit une fiole de poison.
Il s'assoit dans un fauteuil et écrit tout ce qu'il connaît de la
conspiration de Bélial et Galadriel.
Puis il paraît de plus en plus faible.

SCÈNE 4

SATAN, STELLO

SATAN

Salut ! Du grand Stello sentant venir le deuil,
Hors du monde d'en bas j'accours jusqu'à ton seuil
Pour emporter enfin, dans ma sombre demeure,
Ton souffle qui s'enfuit comme s'enfuient tes heures.

Je suis Celui qui règne au milieu des Enfers,
Le Maître des tourments et des sombres rivages
Et des grandes frayeurs qui rongent les visages,
Et des ombres criant dans le fracas des fers !

Je règne sur un peuple accablé de souffrance,
Enivré par les chants d'un éternel malheur.
Sisyphe l'acharné s'arrête et recommence ;
Le Styx et l'Achéron roulent leur flot vainqueur.

Je vois à l'infini, pâle d'indifférence,
Mon immense univers de flammes et de nuit
Veillé par le Cerbère — et comme lui je bâille
Car j'ai trop vu, trop vu cette sombre bataille
Où la Douleur, ma reine, à jamais se survit ;
Et dans la longue nuit parcourue de nuées,
De flammes, de furies rongeant les chairs blessées,
Déchirant tout sans fin de sa terrible ardeur,
Mon esclave, le Temps, le grand Persécuteur.

Tu le sais, le Seigneur des ombres de la terre
A réservé pour toi la grâce singulière
De venir te chercher lui-même à ton trépas :
Rares sont les mortels dont je fais tant de cas.

Je prise au plus haut point la valeur sans égale
D'un tel exécrateur des armées infernales,
Et d'un tel ennemi quand l'âme doit s'enfuir
Loin de son corps défait dans un dernier soupir,
Je veux garder pour moi le soin de la ravir.

STELLO

Satan !
      J'aurais voulu que mon accueil fût digne
Du Maître de l'Enfer et de son rang insigne.
J'aurais voulu pouvoir me lever devant toi
Sans égard pour le Mal, mais du moins pour son Roi.
Mais tu le sais, la vie lentement de mes veines
Se retire et s'en va dans l'ombre où tu m'entraînes…
Ce poison peu à peu rend mon souffle plus lourd :
Je n'irai pas plus loin qu'au terme de ce jour.

SATAN

Je n'attendais, Stello, ton âme condamnée
Qu'à l'horizon lointain de tes vieilles années
Et tu viens de nouveau, toujours d'un même bras,
M'apporter le trop lourd fardeau de tes jours las !
À moins qu'impatient de retrouver mes fastes
Crevant de tous leurs feux l'ombre immensément vaste,
Tu brûles d'immoler en mes libations
Tout ton sang calciné à ma gloire sans nom…
D'un pareil ennemi de son pouvoir suprême
La grandeur de Satan impose un soin extrême :
Ne crois pas, quand la mort t'aura mis dans ma main,
Subir les seuls tourments des derniers des humains ;
Non, sache que, lassé des âmes trop banales
Qui peuplent à foison les rives infernales,
J'aime y trouver parfois un être singulier,
Me vouer au plaisir de le supplicier,

Me consacrer à lui durant de très longs siècles
Dont les jours et les ans et les heures l'encerclent.
Voilà quel sort pour toi j'ai fixé dès demain :
C'est l'Enfer de l'Enfer qui vivra dans ton sein.
J'inventerai pour toi toujours d'autres épreuves,
Et de quelque douleur plus étrange et plus neuve
Viendront ton sang brûlant sur mon front pour l'orner
Et le chœur de tes cris pour me recouronner !
Et si ce n'est assez de l'hydre de mes songes
Pour attiser encor le Grand Mal qui te ronge,
Je laisserai survivre à mille damnations
Ton corps écartelé brisé par les démons !

Pourquoi veux-tu mourir ?

STELLO

                Le malheur qui m'emporte
Peut bien venir demain, aujourd'hui, que m'importe ?
Puisque sur l'horizon déjà l'on voit frémir
Les feux du dernier jour où tout devra finir ;
Que du fond de l'abîme innombrable se lève
L'armée du grand effroi du plus sombre des rêves,
Qu'au soleil va monter le monde enseveli
– Et l'Enfer tout entier s'étendra jusqu'ici.

Je ne peux plus parler… Mes forces m'abandonnent…
Dans mes tempes j'entends déjà le glas qui sonne…
Mais ce billet dit tout de Bélial, du complot…
Je gagne un jour d'Enfer pour que tu voies ces mots.

Stello lui tend le billet qu'il vient d'écrire, et que lit Satan.

SATAN

Nous mettrons fin à tout cela. Dieu sur l'Archange
Lancera, s'Il le veut, Sa hargne sans mélange ;

Moi, vainqueur, de retour en mon sombre pays,
J'arracherai le cœur de ceux qui m'ont trahi
Et je les traînerai chez les âmes humaines
Dont ils partageront les affres et la peine.
Quant à Bélial, déchu des trônes infernaux,
Il subira le sort que j'ai subi plus tôt ;
Car je ferai pour lui s'ouvrir au fond du gouffre
Quelque nouvel Enfer où tout gémit et souffre
Plus encor, s'il se peut, qu'en la vaste prison
Où je règne en bourreau sur tous les horizons.

Ton âme m'appartient. Mais je sais ton mérite,
Toute l'immensité des maux que tu m'évites,
Et je veux, pour qu'on clame à l'autre bout des temps
La magnanimité du Seigneur des gisants,
Avant qu'à ton trépas mes griffes ne t'enlacent,
T'accorder le répit d'une dernière grâce :
À mon retour, Stello, tu me diras quel vœu
Peut rendre tes instants ultimes plus heureux.

SCÈNE 5

Stello

Dois-je lui demander que son pouvoir délivre
Cassandre de l'Enfer pour la laisser revivre ?
Mais je sais trop quel sort, en mourant de nouveau,
Elle retrouverait au-delà du tombeau.
L'Empire de Satan est son destin ultime :
Il est avec le mien tout au fond de l'abîme,
Et plus rien désormais n'en peut changer le cours
Si de la grande nuit elle revient au jour.

Mais à moi seul Satan, avide de mon âme,
Interdit d'échapper au Royaume des flammes :
Telle est l'unique borne à l'étrange faveur
Qu'il daigne m'accorder au nom de sa grandeur.
Je sais donc désormais ce qu'il me reste à faire
Et n'ai plus qu'à porter ce flambeau qui m'éclaire.

SCÈNE 6

SATAN, STELLO

SATAN

Quel est ton vœu, Stello ?

STELLO

Que Cassandre aille au Ciel.
Je la remplacerai dans l'abîme éternel.

SATAN

Mais je peux t'épargner le feu qui la dévore !
Cassandre à tes côtés peut même vivre encore
Et, libres de l'Enfer, au milieu des vivants,
Vous connaîtrez ici les plus beaux de vos ans.

STELLO

Je connais trop, Satan, les moindres de tes gestes ;
Je sais de tes bienfaits quelle est l'ombre funeste ;
Pour tant d'autres que moi garde de tels cadeaux :
En parler seulement, c'est injurier Stello !
Vante-leur les attraits d'une nouvelle vie
Dont la sublime ardeur de l'Enfer est suivie !
Déploie devant leurs yeux le rêve et la splendeur
Pour qu'ils en oublient mieux le fond de ton horreur,
Ivres d'illusions qui bercent tout leur être :
Accorde-leur de vivre avant de t'en repaître !
Moi, je vais sans attendre au-devant du Destin.

Satan

Eh bien, meurs ! Tu seras bientôt entre mes mains ;
Je vengerai sur toi la perte de Cassandre.

Stello

Loin dans le Ciel très haut je la vois qui s'en va !
Elle a déjà quitté le Royaume d'en bas,
Le Royaume de feu, le Royaume de cendre !
Je n'imaginais rien de plus beau, de plus grand
Avant l'éternité de douleur qui m'attend.
Satan, ne tarde plus ! Je suis prêt à descendre !

Je vois déjà la nuit s'appesantir sur moi,
Le jour m'abandonner une dernière fois,
La voûte qui sans fin m'entoure et me surplombe
S'illuminer des feux des brasiers d'outre-tombe !
J'entends déjà les chants des noirs chœurs de l'Enfer,
Le morne claquement de ses portes de fer ;
À mon regard déjà paraissent les neuf cercles
Enserrant la douleur et le malheur des siècles !
Ils brillent toujours plus de leur éclat qui vient…

Ce ne sont pas des feux mais les astres divins !
Et les chœurs, dont les chants à l'aube se mélangent,
Sont parmi l'Empyrée les très hauts chœurs des anges !
Et je vois, m'appelant de leur sublime appel,
À mon âme s'ouvrir les neuf cercles du Ciel !

Il meurt.

SCÈNE 7

Satan, Stello, le chœur des anges

Le chœur des anges surgit.

Le chœur des anges

Seuls passent les portes des Cieux ceux qui vont plus loin que leur être,
Plus loin même que leur salut le jour où tout doit disparaître,
Et toujours prêts à s'élancer à l'assaut de la vie sans peur
Font résonner à travers tout le grand galop de leur ardeur !

Stello jusqu'aux astres divins poursuit sa course triomphale !
Il n'est parmi l'or des soleils plus rien que sa splendeur n'égale !
En son apothéose il va toujours plus loin, par-dessus-tout,
Par-delà les temps et les lieux, où l'Être même se dissout !

La pièce peut s'achever ici.

Satan, *étendant les mains sur le front de Stello.*

Tu revivras, Stello ! Je fonde sur ta tête
Bien des espoirs nouveaux par-delà ma défaite
Car je peux, t'arrachant au seuil du Paradis,
T'aider à retrouver quelque destin maudit.
Oui, je veux voir, témoin de mon ultime grâce,
L'éclat d'un feu mortel revenir sur ta face
Et me donner des ans, et m'inspirer des sorts
Pour m'emparer de toi quand reviendra ta mort.

Stello ouvre les yeux et se redresse, vivant à nouveau, devant Satan.

POURQUOI ADHÉRER A L'ODS

En plus de rassembler toute une « faune de l'espace » passionnée de littératures de l'imaginaire, science-fiction, fantastique, fantasy, etc. et tant de chercheurs érudits des univers de l'étrange, l'ODS est une association active qui organise ou coordonne de nombreux événements dans les domaines qui nous intéressent.

C'est un fait que l'activité de publication de fanzines qui était son expression principale à ses débuts a dû être transférée vers notre maison d'édition, EODS, faute de lecteurs assidus dans un secteur qui s'est peu à peu reporté vers le web. Certaines revues ont disparu, d'autres sont nées à cette occasion. Force est de nous adapter au potentiel du lectorat d'aujourd'hui, et nous voilà au XXIe siècle !

Toutefois, tout en nous adaptant, nous tenons, à l'ODS, à préserver cette convivialité qui fut toujours la première motivation de notre existence associative. C'est pourquoi nous poursuivons avant tout l'organisation de rencontres, conférences, congrès, dîners thématiques et autres missions scientifiques autour des thèmes qui nous sont chers. Participer à ces nombreuses activités, les organiser ou permettre à certains invités de venir y présenter leurs travaux, voilà aujourd'hui la vocation de l'ODS. Ainsi, tout au long de l'année, vous êtes conviés à nous rejoindre lors de dîners informels, comme celui du Nouvel Eon en janvier, et toutes sortes de rencontres à thèmes intitulées « on the spot », selon le calendrier de la venue d'auteurs en région parisienne, ainsi qu'à des colloques de haute tenue dont ceux organisés à Rennes-le-Château (ARTBS) ou à Paris comme le Congrès Fortéen, les journées Heuvelmans ou Jacques Bergier, etc. mais aussi à nous rendre visite sur les stands des nombreuses conventions auxquelles nous participons.

L'organisation de ces événements et la participation de l'association à ceux organisés par d'autres sont aujourd'hui devenus notre activité principale, car c'est ce qui fait vivre notre univers littéraire et préserve ce caractère unique qui nous plaît. Si certains supports de lecture disparaissent petit à petit au profit de medias plus modernes — du fanzine au webzine, des listes de discussions aux réseaux sociaux, etc. — il reste que nous sommes tous attachés aux livres originaux au format papier, non seulement à l'objet que l'on peut aujourd'hui commander en trois clics, mais surtout à ce qui va autour, c'est-à-dire les rencontres, les discussions, le partage et les possibles collaborations qui s'improvisent au gré des initiatives de nos membres les plus passionnés et, bien entendu, au plaisir de lire !

La participation de chacun à cette fourmillante activité littéraire et autour de la littérature se coordonne le plus simplement possible par le moyen de notre association, et c'est la raison d'être de l'ODS. En y adhérant, et surtout en participant par votre présence et votre concours à ces rencontres, ainsi qu'à la naissance et la réalisation de nouveaux projets, vous nous aidez à prolonger la vie de notre multivers littéraire. Bienvenue à tous et merci pour votre présence !

Emmanuel Thibault, membre du Conseil de AODS.

LES ÉDITIONS DE L'ŒIL DU SPHINX

SARL au capital de 15.245 €

R.C.S. Paris B 432 025 864 (2000 B11249)

36-42 rue de la Villette

75019 PARIS

Mail ods@oeildusphinx.com

http://www.œildusphinx.com

Tél 09.75.32.33.55

Fax 01.42.01.05.38

Toutes nos parutions sont sur :

http://boutique.oeildusphinx.com

Achevé d'imprimer en septembre 2022
par Createspace
(KDP)

www.ingramcontent.com/pod-product-compliance
Lightning Source LLC
LaVergne TN
LVHW010655200726
843507LV00011B/1881